입문자를 위한
파이썬 주식분석
프로그램
만들기

Python
stock analysis
program

인공지능,
주식분석 좀 부탁해

저자 소개

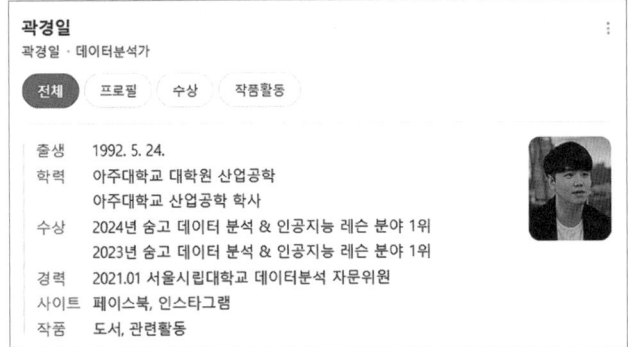

곽경일

아주대학교에서 산업공학을 전공한 후, 대학원에서는 게임 인공지능에 대한 깊은 관심을 가지고 다양한 인공지능 프로젝트에 참여하며 전문성을 쌓았습니다. 이러한 경험은 필자가 인공지능 분야에서 꾸준히 연구하고 발전할 수 있는 토대를 마련해 주었습니다. 현재는 오프라인에서 데이터 분석 및 인공지능 교육 사업을 진행하면서, 서울시립대학교에서 데이터 분석 자문 위원으로 활동하고 있으며, 삼성중공업, 하나은행 등의 대기업과 연세대, 고려대, 성균관대 등의 대학에서 전문 강사로 활동하고 있습니다. 온라인에서는 숨고(숨은 고수) 플랫폼에서 프로그래밍, 데이터 분석, 머신러닝을 레슨하고 있으며 해당 분야에서는 랭킹 1위로 많은 사람이 만족할 만한 레슨을 제공하고 있습니다.

특히, 인공지능을 활용하여 주식 시장에서의 데이터 분석을 통해 미래 주가를 예측하고 실질적인 수익을 창출하는 기술 개발에 중점을 두었습니다. 이 기술은 주식 투자에서 놀라운 성과를 거두었으며, 1년간 233%의 수익을 달성하는 놀라운 결과로 이어졌습니다. 이러한 성과는 '주간동아'를 통해 "AI 매매 프로그램으로 주식 투자해 1년간 233% 수익 냈다"라는 기사로도 소개되었습니다(https://post.naver.com/viewer/postView.naver?volumeNo=36134037). 이 책에서는 필자의 이러한 경험을 바탕으로 데이터 분석과 인공지능 기술이 실제 주식 세계에서 어떻게 활용될 수 있는지 그리고 이를 통해 어떤 변화를 불러올 수 있는지 자세히 다루고자 합니다.

들어가며

주간동아, 인공지능 주식 투자 적용 인터뷰 내용

인공지능이 세상에 등장한 이후로 상당한 시간이 흘렀습니다. 이제 인공지능은 다양한 분야에서 활용되며 놀라운 성과를 거두고 있습니다. 그동안 수많은 성공 사례가 있었지만, 그중에서도 심층 강화 학습, 딥러닝, 생성형 AI 분야에서의 진보는 특히 주목할 만합니다. 인공지능의 발전은 단순한 기술 혁신을 넘어 우리 삶의 방식과 일하는 방식을 근본적으로 변화시키고 있습니다.

오늘날 데이터 분석과 인공지능 활용 능력은 현대 사회에서 살아남기 위한 필수 역량으로 자리 잡았습니다. 비록 이러한 기술을 배우는 것이 쉽지 않은 일이지만, 기술의 발전과 함께 ChatGPT, Python 등 인공지능 도구들이 점점 더 사용하기 쉽게 변모하면서 일반인들도 충분히 데이터 분석과 인공지능을 다룰 수 있는 시대가 되었습니다.

이 책을 쓰는 필자 본인도 비전공자 출신임을 밝힙니다. 하지만 현재는 인공지능을 모델링하고 개발하면서 실제 주식 투자에도 적용하고 있습니다.

하지만 많은 사람이 인공지능으로 주식 투자를 하는 것은 전혀 효과가 없다고 말합니다. 더 나아가 유튜브에서 다큐멘터리나 많은 사람이 인공지능으로 주식 투자를 하는 것은 사람이 직접 투자하는 것보다 효과가 좋지 않아 무의미하다는 영상이 너무 많습니다. 하지만 확실하게 대답할 수 있습니다. 퀀트 투자를 위한 데이터 분석 방법과 인공지능으로 주식 투자를 하는 것은 사람이 분석해서 주식 투자를 하는 것보다 훨씬 강력합니다. (필자의 생각엔 제대로 된 분석이나 머신러닝 모델링 또는 특성 설계를 잘못해서 좋은 결과를 내지 못한 것이 아닌가 의심스럽습니다.)

이 책은 독자들이 파이썬을 활용하여 주식을 분석하고 유망한 종목을 찾아내는 능력을 갖추는 것이 목표입니다. 또한, 책에서 소개하는 코드를 제공하여 독자들이 쉽게 실행하고 따라 할 수 있도록 설계되었습니다. 이 책은 두 가지 주요 부분으로 구성되어 있습니다.

Chapter 1에서는 파이썬을 전혀 다루어 본 적 없는 입문자들이 파이썬을 컴퓨터에 설치하고 기초적인 파이썬 프로그래밍 문법을 공부할 수 있도록 안내합니다. 이를 통해 독자들은 두 번째 장에서도 어려움 없이 학습을 이어갈 수 있습니다.

Chapter 2부터는 본격적으로 데이터 분석과 인공지능(정확히는 머신러닝)을 통해 좋은 주식 종목을 발굴하는 방법을 다룹니다. 주식 시장의 데이터를 수집하고 분석하여 유망한 종목을 찾는 과정에서 필요한 다양한 기법을 소개합니다. 이 과정에서 데이터 전처리, 분석, 시각화, 예측 모델링 등의 주제를 다루며, 실제 사례를 통해 실습할 수 있도록 합니다.

이 책을 통해 독자들은 파이썬을 활용한 주식분석의 기본기를 익히고, 이를 바탕으로 더 나아가 실전에서 활용할 수 있는 능력을 갖출 것입니다. 데이터 분석과 인공지능 기술을 배우고 적용하는 과정에서 얻는 성취감과 함께, 이를 통해 실제로 유망한 주식을 찾아내는 기쁨을 느껴 보시길 바랍니다.

예제 파일 구성

이 책에서 사용되는 코드는 아래 블로그 링크 또는 비제이퍼블릭 공식 사이트(https://bjpublic.tistory.com/261238)에서 다운로드받으실 수 있습니다.

https://blog.naver.com/binboxsoft/223493628972

알아두기

파이썬에서 함수, 클래스, 변수 등의 이름(식별자)을 지을 때 대소문자를 구별하는 것은 매우 중요합니다. 헷갈릴 수 있지만, 몇 가지 규칙과 관례를 따르면 쉽게 이해할 수 있습니다.

① 대소문자 구별(Case Sensitivity)

- 파이썬은 대소문자를 엄격하게 구분합니다. 즉, myvariable, MyVariable, MYVARIABLE은 모두 서로 다른 변수로 취급됩니다.
- 함수, 클래스, 모듈 이름도 마찬가지입니다. statsmodels와 Statsmodels는 서로 다른 것으로 인식됩니다.

② 이름 작성 규칙(Naming Conventions)

파이썬에는 PEP 8이라는 스타일 가이드가 있습니다. 이 가이드에서는 이름 작성에 대한 몇 가지 규칙과 관례를 제시하고 있습니다. 강제적인 것은 아니지만, 가독성을 높이고 협업을 쉽게 하려면 따르는 것이 좋습니다.

- 모듈(Module) 이름:
    - 짧은 소문자 단어로 구성합니다.
    - 필요한 경우 밑줄(_)을 사용하여 가독성을 높일 수 있습니다.
    - 예: os, sys, my_module
- 클래스(Class) 이름:
    - CapWords (또는 CamelCase) 방식을 사용합니다. 각 단어의 첫 글자를 대문자로 쓰고, 단어 사이에 공백 없이 붙여 씁니다.
    - 예: MyClass, HTTPRequestHandler
- 함수(Function) 및 메서드(Method) 이름:
    - 소문자로 작성하고, 단어 사이는 밑줄(_)로 구분합니다(snake_case).
    - 예: calculate_average, get_user_info
- 변수(Variable) 이름:
    - 소문자로 작성하고, 단어 사이는 밑줄(_)로 구분합니다(snake_case).
    - 예: user_name, total_count

- 상수(Constant) 이름:
    - 모두 대문자로 작성하고, 단어 사이는 밑줄(_)로 구분합니다.
    - 예: MAX_VALUE, PI, DEFAULT_TIMEOUT
- 람다(lambda) 함수:
    - lambda 키워드는 소문자로 작성해야 합니다.
- 내장 자료형(Built-in Types):
    - int, float, str, list, dict, tuple, bool과같이 이미 정의된 파이썬의 자료형은 소문자를 씁니다.

③ 예외적인 경우

- True와 False:
    - 파이썬에서 참/거짓을 나타내는 True와 False는 첫 글자가 대문자입니다. 이는 키워드(keyword)이기 때문입니다.
- 타사 라이브러리:
    - statsmodels와같이, 어떤 라이브러리는 PEP8을 따르지 않을 수 있습니다. 이럴 땐, 해당 라이브러리의 공식 문서를 참고하여 호출해야 합니다.

④ statsmodels와 lambda의 경우

- statsmodels:
    - statsmodels는 통계 분석을 위한 파이썬 라이브러리입니다. 이 라이브러리의 이름은 소문자로만 구성되어 있습니다. 따라서 import statsmodels 또는 import statsmodels.api as sm과같이 소문자로 import 해야 합니다.
- lambda:
    - lambda는 익명 함수를 생성하는 키워드입니다. 키워드는 파이썬에서 특별한 의미를 가지는 예약어이므로 항상 소문자로 작성해야 합니다.

⑤ 정리

- 파이썬은 대소문자를 구분합니다.
- PEP 8 스타일 가이드를 따르면 코드의 가독성을 높일 수 있습니다.

- 모듈, 함수, 변수 이름은 주로 소문자와 밑줄(_)을 사용합니다(snake_case).
- 클래스 이름은 CapWords(CamelCase) 방식을 사용합니다.
- 상수는 모두 대문자로 작성합니다.
- True, False, None과 같은 키워드는 예외적으로 첫 글자가 대문자입니다.
- lambda와 같은 키워드는 항상 소문자로 작성합니다.
- int, float 등 내장 자료형은 소문자를 씁니다.

이 규칙들을 기억하고, 코드를 작성할 때 일관성 있게 적용하면 오류를 줄이고 가독성을 높일 수 있습니다. 다른 사람들과 협업할 때도 코드를 이해하기 쉬워집니다.

추천사

주식시장은 하루가 다르게 변하고 있으며, 감에 의존한 기존 투자 방식만으로는 변화에 대응하기 점점 어려워지고 있습니다. 이런 흐름 속에서 인공지능(AI)과 데이터 분석을 활용한 투자 전략이 새로운 대안으로 주목받고 있습니다.

저자인 곽경일 대표는 아주대학교에서 산업공학을 전공하고, 대학원에서 게임 인공지능과 데이터 분석을 연구하며 AI 분야의 전문성을 키웠습니다. 이후 AI를 활용한 투자 기법을 연구하고 실제 시장에서 적용한 결과, 1년간 233%라는 놀라운 수익률을 기록했습니다. 그의 연구는 '주간동아'에도 소개될 만큼 AI 기반 주식투자 분야에서 높은 평가를 받고 있습니다.

이 책에서는 AI와 데이터 분석을 통해 주식시장의 흐름을 읽고, 예측 가능한 투자 전략을 세우는 방법을 쉽게 설명합니다. 단순한 이론이 아닌, 실제 사례와 실전 투자 경험을 바탕으로 데이터 기반 투자 전략이 어떻게 수익으로 연결되는지를 보여줍니다.

막연한 감(感)에 의존한 투자에서 벗어나 체계적이고 과학적인 투자 방법을 배우고 싶은 분들께 강력히 추천합니다. AI 기술이 주식시장을 어떻게 변화시키고 있는지, 그리고 이를 활용해 더 나은 투자 결정을 내리는 방법을 알고 싶다면, 이 책이 최고의 길잡이가 될 것입니다.

정명석, 아주대학교 과학기술정책학과 교수

인공지능 주식분석의 완벽한 입문서입니다. 많은 사람이 주식분석에 머신러닝을 활용하는 것에 의구심을 가지고 있습니다. 이 책은 파이썬과 머신러닝을 활용하여 주식분석을 효과적으로 수행하는 방법을 명확하게 설명합니다. 주식 시장에서 원하는 정보를 분석하고, 중요한 투자 포인트를 도출하는 과정을 단계별로 설명하며, 이를 실제 투자에 적용하는 방법을 제시합니다.

파이썬을 처음 접하는 사람들을 위해 기초부터 단계적으로 설명하고 있어, 초심자들이 부담 없이 학습할 수 있도록 구성되어 있습니다. 또한, 복잡할 수 있는 인공지능 이론과 강화학습 개념도 주식분석에 필요한 부분을 쉽게 설명하여 누구나 이해할 수 있습니다.

이 책은 주식분석에 관심이 있는 모든 이들에게 필수적인 가이드로, 실무에 바로 적용할 수 있는 유용한 도구와 지식을 제공합니다. 초보자와 숙련자 모두에게 유익한 이 책을 자신 있게 추천합니다.

권순기, 컴퓨터공학 석사

지금까지 개인적으로 인공지능을 활용하여 주식 시장의 데이터 분석, 미래 주가 예측, 그리고 실질적인 수익 창출이 현실적으로 불가능하다고 여겨왔습니다. 이 책을 읽는 동안, 파이썬을 처음 접하는 초보자라도 포기하지 않고 따라 한다면 파이썬의 기초 문법을 충분히 습득할 수 있다고 생각합니다. 더불어, 이러한 기초 지식을 바탕으로 주식 시장에서 저평가된 주식과 추천종목을 찾고, 미래 주식의 가격을 예측하는 모델을 만들어 활용할 수 있다는 사실이 놀라울 따름입니다.

특히 제가 인상적으로 본 부분은 저자가 비전공자임에도 불구하고 현대 사회에서 생존을 위한 필수 역량으로 자리 잡은 데이터 분석 및 인공지능 활용 능력을 실제로 실천한 사례입니다. 전체 예제 파일과 함께 상세한 설명이 포함되어 있으므로, 이 책을 활용하여 학습하면 긍정적인 결과를 얻을 수 있다고 확신합니다.

저도 몇 가지 항목들을 추가하고 모델을 고도화하여 실전 투자에 활용해 볼 생각입니다. 인공지능을 통한 주식투자와 수익을 꿈꾸었던 많은 분에게 한 줄기 빛이 되어줄 책이라 생각되며, 관심 있는 모든 분의 일독을 추천하는 바입니다.

전준규, 농협정보시스템/DT LAB

주변 개발자분들과 파이썬에 대해 이야기를 할 때 주식투자에 파이썬을 활용하고 있다는 이야기를 종종 들었습니다. 저 또한 주식투자에 관심이 있어 재밌게 들었지만 그들이 대단한 분들이라고 생각했지 정작 제가 파이썬을 활용해 주식투자를 하려 하진 않았습니다.

이 책을 읽으며 파이썬을 활용한 주식투자의 기본 개념을 쉽게 습득할 수 있어 좋았습니다. 초보자가 읽으면 힘들 수 있는 파이썬 코드를 한 줄 한 줄 세세하게 설명해 주는 저자의 친절함에 빠르고 쉽게 이해할 수 있습니다. 파이썬을 활용한 주식투자에 관심이 있는 분들에게 첫 번째 도서로 강력히 추천됩니다.

김기덕, 수치해석학 석사

오래전, "주식투자를 한 번도 안 해본 사람은 있어도 한 번만 해본 사람은 없다."라는 말을 들은 기억이 있습니다. 그 당시 제가 바로 주식투자를 한 번도 안 해봤던 천연기념물(?)이었고 "왜 주식투자에 관심을 두지 않냐"라는 주변의 질문에 "회사 업무만으로도 너무 바쁘고 힘들어서 주식투자에 신경 쓸 여력이 없다."라는 그럴싸한 핑계를 대곤 했습니다. 그러나 실제로는 제가 주식투자에 적합한 능력이 부족했기에 주식투자를 시작하지 못했습니다. 저는 원체 돌다리도 두들겨보는 소심한 성격으로 새로운 일을 시작하기 전에 세심하게 검토하며 실패 가능성과 위험을 최소화해야만 행동에 옮기는 성향입니다. 이러한 이유로 주식투자 분야는 제가 진입하기에는 지나치게 위험하고 어려운 영역으로 인식했습니다. 만약 제가 그 당시 이 책을 읽었더라면, 그러한 잘못된 생각을 하지 않았을 것이라고 확신합니다. 이렇게 좋은 책이 왜 이제야 출간되었는지 아쉬울 따름입니다.

이 책은 파이썬 언어 기반의 인공지능 기법을 활용하고 실제 주식 데이터를 기반으로 더 나은 투자를 하기 위한 통계적 분석 전략과 구현 방법에 대해 다루고 있습니다. 꼭 저 같은 SW 개발자가 아니더라도 누구나 분석 프로그램을 개발할 수 있습니다. 지면을 충분히 할애하여 파이썬 언어를 설명하고, 무엇보다 도서의 실습 예제를 거의 그대로 활용하기만 하면 주식투자를 위한 기본적인 분석 기술들을 바로 익힐 수 있도록 내용이 구성되어 있어 굉장히 매력적이라고 생각했습니다.

위에서도 말씀드렸듯 주식투자를 거의 하지 않았던 저 자신조차도 이 책을 계기로 주식분석 프로그램을 직접 만들고 이를 토대로 주식투자를 시작해 봐야겠다는 의지가 샘솟고 있습니다. 이 책의 내용을 투자에 활용한다고 해서 바로 일확천금을 얻을 수 있을 거라는 장밋빛 환상에 대해서는 신중할 필요가 있습니다. 그럼에도 불구하고 금융 인공지능에 대한 깊은 경험과 지식을 갖춘 저자가 서두에서 강조한 바와 같이 이러한 데이터 분석 방법과 인공지능 기술을 충분히 그리고 제대로 활용을 할 수 있다면 투자에 많은 도움이 될 수 있을 거라 생각합니다. 모쪼록 이 책이 주는 깨달음의 즐거움을 여러분들도 함께 느끼실 수 있기를 바랍니다.

최성욱, 삼성전자 VD사업부 보안 연구원

이 책은 주식투자를 위해 파이썬을 활용하여 데이터를 분석하고 유망한 종목을 찾아내는 능력을 기르는 것을 목표합니다.

Chapter 1에서 파이썬을 전혀 다뤄본 적 없는 입문자들도 쉽게 따라 할 수 있도록, 파이썬 설치부터 기초적인 프로그래밍 문법까지 상세히 안내합니다. 이를 통해 독자들은 두 번째 구성에서도 원활하게 학습을 지속할 수 있습니다.

Chapter 2부터 데이터 분석과 인공지능, 정확히는 머신러닝을 통해 좋은 주식 종목을 발굴하는 방법 소개합니다. 주식 시장의 데이터를 수집하고 분석하는 데 필요한 다양한 기법을 소개하며, 실제 사례를 통해 실습할 수 있도록 돕습니다. 데이터 전처리, 분석, 시각화 및 예측 모델링 등의 주제를 다루며 독자들이 이러한 기술을 실질적으로 적용할 수 있는 능력을 갖출 수 있도록 설계되었습니다.

이 책의 가장 큰 장점은 파이썬 코드 예제를 제공하여 독자들이 직접 실행하고 따라 할 수 있다는 점입니다. 이를 통해 독자들은 단순히 이론을 학습하는 데 그치지 않고, 실제로 주식분석에 필요한 기술을 습득할 수 있습니다.

퀀트 투자에 필요한 데이터 분석 방법과 인공지능을 활용한 주식분석에 관심이 있는 분들에게 강력히 추천하는 책입니다. 데이터 분석과 인공지능 기술을 배우고 이를 통해 유망한 주식을 찾아내는 기쁨을 경험해 보시길 바랍니다.

이석곤, 아이알컴퍼니 부설연구소 수석 연구원

감사의 말

세상이 온통 낯선 단어들로 가득했던 시절, 알파고의 등장은 모두를 놀라게 했고, 제 안에는 '인공지능 전문가'라는 꿈이 싹트기 시작했습니다. 막연했던 꿈을 현실로 만들어주신 분들께 진심을 담아 감사드립니다.

대학원 시절, 끊임없는 도전과 성장을 이끌어주시고, 인공지능 관련 국가 과제를 통해 잠재력을 발휘할 수 있도록 아낌없이 지원해 주신 아주대학교 이주연 교수님, 그리고 아버지와 같은 따뜻한 격려와 지지로 든든한 버팀목이 되어주신 정명석 교수님. 두 분은 제 삶의 은인이시며, 이 책의 영광을 온전히 바칩니다.

늘 곁에서 건강을 챙겨주고, 힘든 시간 묵묵히 함께해 준 하나뿐인 동생 동원이에게 깊은 사랑과 고마움을 전합니다. 이 책이 세상의 빛을 볼 수 있도록 헌신적인 지원과 노력을 아끼지 않으신 비제이퍼블릭 조부건 님께는 죄송한 마음과 더불어 무한한 감사를 드립니다. 더불어, 멋진 무대에서 인공지능 강의를 펼칠 기회를 주신 알파코 김정근 센터장님, 그리고 편안하게 강의에 집중할 수 있도록 세심하게 배려해 주는 대구 친구 안소현 매니저님에게도 늘 감사한 마음을 가지고 있습니다. 이 자리를 빌려 다시 한번 진심으로 감사드립니다.

이 책은 주식투자를 통해 단기간에 부를 얻는 비법을 담고 있지 않습니다. 객관적인 데이터와 정교한 시뮬레이션을 통해 시장의 흐름을 파악하고, 인간 심리에 대한 깊이 있는 분석을 바탕으로 퀀트 투자를 현명하게 활용하는 길을 제시합니다. 꾸준한 연습과 분석을 통해 이 책의 내용을 체화한다면, 뉴스와 감에 의존하는 투자보다 훨씬 더 안정적이고 성공적인 결과를 얻을 수 있을 거라 믿습니다. 이 책과 함께해주시는 모든 분께 진심으로 감사드립니다.

암 투병으로 정든 직장을 떠나야 했을 때, 비로소 제 안의 깊은 곳에 자리한 진정한 꿈을 마주하게 되었습니다. 숨고에서 소소하게 시작했던 부업은 어느새 저를 인공지능 전문가의 길로 이끌었습니다. 때로는 앞만 보고 질주하는 것보다 잠시 멈춰 서서 주변을 돌아보는 여유가 더 멀리, 더 높이 도약할 힘을 줍니다. 꿈을 향해 나아가는 여정에서 잠시 숨을 고르는 시간은 결코 포기가 아닌, 새로운 가능성을 발견하는 소중한 기회가 될 것입니다.

이 책을 통해 여러분과 귀한 인연을 맺게 되어 더없이 기쁩니다. 여러분의 삶에 늘 행복과 행운이 가득하기를, 그리고 꿈을 향한 열정적인 도전에 작은 도움이라도 드릴 수 있기를 간절히 바랍니다. 혹시라도 도움이 필요하시면 언제든 인스타그램 DM으로 편하게 연락해 주세요. 여러분의 빛나는 미래를 진심으로 응원합니다!

목차

저자 소개   2
들어가며   3
추천사   8
감사의 말   12

Chapter 1 파이썬과 금융 데이터   21

1. 파이썬 프로그래밍   23
    1) 파이썬의 주요 특징   24
    2) 파이썬의 장점   24
    3) 파이썬의 활용 분야   24

2. 아나콘다 파이썬   26
    1) 아나콘다의 주요 특징   26
    2) 아나콘다에 포함된 주요 도구   27
    3) 아나콘다를 사용하는 이유   27

3. 파이썬 설치하기   28
    1) 아나콘다 파이썬 설치하기   28
    2) Jupyter Notebook 실행하기   33

4. 변수란 무엇인가?   39
    1) 파이썬에서 변수 사용하기   40
    2) 변수 명명 규칙   40

5. 주석이란 무엇인가?   41
    1) 파이썬에서 주석 사용하기   41
    2) 주석의 좋은 사용 예   42

6. 숫자형 자료형   44
    1) 정수형   44
    2) 부동소수점형   45
    3) 숫자형 자료형의 연산   45

7. 문자열 자료형   47
    1) 문자열 정의 및 생성   47

2) 문자열 연산　　　　　　　　　　　　　　　　　　　　　48
　　3) 문자열 메서드　　　　　　　　　　　　　　　　　　　49
　　4) 문자열 포매팅　　　　　　　　　　　　　　　　　　　50

8. 리스트 자료형　　　　　　　　　　　　　　　　　　　　　52
　　1) 리스트 생성 및 접근　　　　　　　　　　　　　　　　52
　　2) 리스트 수정 및 조작　　　　　　　　　　　　　　　　53
　　3) 리스트 연산　　　　　　　　　　　　　　　　　　　　54
　　4) 리스트 슬라이싱　　　　　　　　　　　　　　　　　　55

9. 튜플 자료형　　　　　　　　　　　　　　　　　　　　　　57
　　1) 튜플 생성 및 접근　　　　　　　　　　　　　　　　　57
　　2) 튜플의 변경 불가능성　　　　　　　　　　　　　　　　58
　　3) 튜플 연산　　　　　　　　　　　　　　　　　　　　　58
　　4) 패킹　　　　　　　　　　　　　　　　　　　　　　　　59
　　5) 언패킹　　　　　　　　　　　　　　　　　　　　　　　60
　　6) 확장된 언패킹　　　　　　　　　　　　　　　　　　　61
　　7) 튜플과 유용성　　　　　　　　　　　　　　　　　　　61

10. 딕셔너리 자료형　　　　　　　　　　　　　　　　　　　63
　　1) 딕셔너리 생성 및 접근　　　　　　　　　　　　　　　63
　　2) 딕셔너리 수정 및 조작　　　　　　　　　　　　　　　64
　　3) 딕셔너리 메서드　　　　　　　　　　　　　　　　　　65
　　4) 딕셔너리 컴프리헨션　　　　　　　　　　　　　　　　66

11. 집합 자료형　　　　　　　　　　　　　　　　　　　　　68
　　1) 집합 생성 및 접근　　　　　　　　　　　　　　　　　69
　　2) 집합 연산　　　　　　　　　　　　　　　　　　　　　70
　　3) 집합 메서드　　　　　　　　　　　　　　　　　　　　71

12. 함수　　　　　　　　　　　　　　　　　　　　　　　　　73
　　1) 함수 정의 및 호출　　　　　　　　　　　　　　　　　74
　　2) 인자와 매개변수　　　　　　　　　　　　　　　　　　74
　　3) 기본값 매개변수　　　　　　　　　　　　　　　　　　75
　　4) 가변 인자　　　　　　　　　　　　　　　　　　　　　76
　　5) 반환 값　　　　　　　　　　　　　　　　　　　　　　77
　　6) 람다　　　　　　　　　　　　　　　　　　　　　　　　78

13. 조건문 if 문　　　　　　　　　　　　　　　　　　　　　81
　　1) 기본 if 문　　　　　　　　　　　　　　　　　　　　　81

2) if-else 문 82
 3) if-elif-else 체인 83
 4) 중첩 if 문 83
 5) 조건식 간소화 84

14. 반복문 while 문 86
 1) 기본 while 문 구조 86
 2) break와 continue 사용하기 87
 3) while-else 구조 89
 4) 무한 루프 89

15. 반복문 for 문 91
 1) 기본 for 문 구조 91
 2) 다양한 시퀀스와의 사용 92
 3) 반복문 제어: break와 continue 93
 4) for-else 구조 94
 5) range를 활용한 for 문 95
 6) 리스트 컴프리헨션 98

16. 예외 처리 100
 1) 예외 처리 구조 100
 2) 여러 예외 동시 처리 102
 3) 예외 객체 사용 102

17. 라이브러리 103
 1) 라이브러리의 구조 103
 2) 라이브러리 사용 방법 103
 3) 몇 가지 유명한 파이썬 라이브러리 104
 4) 라이브러리 설치 105

Chapter 2 데이터 수집 및 분석 107

1. 주식분석 프로젝트 109
 1) 데이터 처리 능력 109
 2) 금융 데이터 접근성 110
 3) 자동화와 실시간 분석 110
 4) 시각화 도구 110
 5) 기술적 분석과 통계 모델링 110

2. 저평가 주식 종목 발굴하기 ... 111
    1) 국내 주식 종목 정보 가져오기 ... 112

3. 주가 수익 비율이 낮은 주식 찾기 ... 126
    1) PER의 계산식 ... 126
    2) PER의 해석 ... 126
    3) PER의 중요성 ... 127

4. 자기 자본 이익률이 높은 주식 찾기 ... 130
    1) ROE의 계산식 ... 130
    2) ROE의 해석 ... 130
    3) ROE의 중요성 ... 131

5. 고배당주 찾기 ... 134
    1) 배당주의 주요 특징 ... 134
    2) 배당주의 장점 ... 135
    3) 배당주의 단점 ... 135
    4) 배당주의 예시 ... 136
    5) 4년 연속 배당금이 상승한 종목 찾기 ... 143

Chapter 3 주식 선별 전략 ... 145

1. 주식 가격 데이터 불러오기 ... 147
    1) FinanceDataReader 설치하기 ... 147
    2) 주요 특징 및 기능 ... 148
    3) 활용 분야 ... 150

2. 이동 평균선 ... 151
    1) 이동 평균선의 장점 ... 151
    2) 단순 이동 평균 ... 151
    3) 지수 이동 평균 ... 154
    4) EMA를 활용해서 추천 종목 발굴하기 ... 157

3. 상대 강도 지수 ... 159
    1) 계산 방법 ... 159
    2) RSI 값 해석 ... 160
    3) 투자 신호 ... 160
    4) RSI를 활용해서 추천 종목 발굴하기 ... 166

4. 볼린저 밴드 170
　　1) 구성 요소 170
　　2) 작동 원리 170
　　3) 투자 신호 171
　　4) 볼린저 밴드를 활용해서 추천 종목 발굴하기 177

5. 포트폴리오 이론 180
　　1) 수익률의 표준 편차 181

6. 효율적 투자선 184
　　1) 효율적 투자선의 구성 184
　　2) 효율적 투자선의 특징 184
　　3) 효율적 투자선의 시각적 표현 185

7. 최고의 투자 비율 찾기 189

8. 몬테카를로 시뮬레이션 193
　　1) 몬테카를로 시뮬레이션의 주요 개념 193
　　2) 포트폴리오 최적화에서의 적용 194

9. 샤프 지수 199
　　1) 샤프 지수의 의미 199

Chapter 4 기술적 분석　　205

1. 인공지능 주가 예측 207
　　1) 인공지능 주가 예측의 핵심 구성 요소 208
　　2) 인공지능 주가 예측의 사례 208
　　3) 머신러닝의 주요 유형 209
　　4) 분류/회귀 모델 209
　　5) 머신러닝의 일반적인 단계 210

2. 미래 주식 가격 예측하기 212

3. K 최근접 이웃 모델 216
　　1) KNN의 작동 방식 216
　　2) K 최근접 이웃 모델의 장단점 217

4. 결정 트리 모델 222

1) 결정 트리의 구성 요소　　　　　　　　　　　　　　　　223
　　　2) 결정 트리의 작동 방식　　　　　　　　　　　　　　　　223
　　　3) 결정 트리의 장단점　　　　　　　　　　　　　　　　　223

5. 랜덤 포레스트 모델　　　　　　　　　　　　　　　　　　　227
　　　1) 랜덤 포레스트의 구성 요소　　　　　　　　　　　　　227
　　　2) 랜덤 포레스트의 장단점　　　　　　　　　　　　　　228

6. XGBoost 모델　　　　　　　　　　　　　　　　　　　　　232
　　　1) XGBoost의 구성 요소　　　　　　　　　　　　　　　232
　　　2) XGBoost의 작동 방식　　　　　　　　　　　　　　　233
　　　3) XGBoost 모델의 장단점　　　　　　　　　　　　　　233

7. 미래 국내 주식 가격 예측하기　　　　　　　　　　　　　　237

8. 하루 5% 이상 급등하는 종목 찾기　　　　　　　　　　　　244
　　　1) 정확도(Accuracy)　　　　　　　　　　　　　　　　　247
　　　2) 정밀도(Precision)　　　　　　　　　　　　　　　　247
　　　3) 재현율(Recall)　　　　　　　　　　　　　　　　　　247

9. 모델 성능 높이기　　　　　　　　　　　　　　　　　　　　251

10. 강화 학습을 활용한 상승 추세 종목 발굴하기　　　　　　258
　　　1) 엡실론-그리디 알고리즘　　　　　　　　　　　　　　259
　　　2) 탐험과 활용의 문제　　　　　　　　　　　　　　　　259
　　　3) 알고리즘 과정　　　　　　　　　　　　　　　　　　260

　　　마치며　　　　　　　　　　　　　　　　　　　　　　　274

MEMO

CHAPTER 1

파이썬과 금융 데이터

1. 파이썬 프로그래밍
2. 아나콘다 파이썬
3. 파이썬 설치하기
4. 변수란 무엇인가?
5. 주석이란 무엇인가?
6. 숫자형 자료형
7. 문자열 자료형
8. 리스트 자료형
9. 튜플 자료형
10. 딕셔너리 자료형
11. 집합 자료형
12. 함수
13. 조건문 if 문
14. 반복문 while 문
15. 반복문 for 문
16. 예외 처리
17. 라이브러리

1. 파이썬 프로그래밍

그림 1-1

이 책은 입문자도 충분히 데이터 분석과 인공지능을 활용해서 주식 데이터를 분석하고 투자에 활용할 수 있게 하는 것이 목표입니다. 따라서 이 책의 앞부분에서는 파이썬의 기초적인 문법부터 소개하고 시작합니다. 파이썬에 대해 익숙하신 분들은 이 챕터를 넘어가셔도 좋습니다. 파이썬(Python)은 가독성과 간결성을 강조하는 고급 프로그래밍 언어입니다. 1991년 귀도 반 로섬(Guido van Rossum)에 의해 개발되었으며, 다양한 프로그래밍 패러다임을 지원합니다. 파이썬은 객체 지향 프로그래밍, 명령형 프로그래밍, 절차적 프로그래밍, 함수형 프로그래밍 등을 모두 지원하며, 그 범용성과 유연성으로 인해 데이터 과학, 웹 개발, 자동화, 시스템 스크립팅 등 다양한 분야에서 널리 사용되고 있습니다. 이번에는 파이썬의 주요 특징, 장점 및 활용 분야에 대해 자세히 알아보겠습니다.

1) 파이썬의 주요 특징

- **간결하고 명확한 문법**: 파이썬은 코드의 가독성이 매우 높으며, 간결한 문법 덕분에 다른 언어에 비해 배우기 쉽고, 코드를 작성하고 이해하는 데 소요되는 시간이 적습니다.
- **동적 타이핑**: 변수에 대한 타입 선언이 필요 없습니다. 런타임의 타입이 결정되기 때문에 개발자는 더욱 유연하게 프로그래밍할 수 있습니다.
- **풍부한 라이브러리**: 표준 라이브러리가 매우 방대하여, 네트워킹, 웹 파싱, 데이터 분석 등 다양한 작업을 위한 도구가 내장되어 있습니다. 또한, 수많은 외부 라이브러리를 통해 거의 모든 프로그래밍 요구를 충족시킬 수 있습니다.
- **플랫폼 독립적**: 파이썬은 크로스 플랫폼 언어로, 윈도우, 맥 OS, 리눅스 등 다양한 운영체제에서 동일하게 실행됩니다.

2) 파이썬의 장점

- **다양한 확장성**: 파이썬은 C 또는 C++과 같은 언어로 작성된 확장 모듈을 쉽게 통합할 수 있어, 성능이 중요한 애플리케이션에서도 사용될 수 있습니다.
- **스크립팅 및 빠른 개발**: 스크립트 언어의 기능을 갖추고 있어 빠른 프로토타이핑과 개발이 가능합니다.
- **커뮤니티 지원**: 전 세계적으로 큰 커뮤니티를 보유하고 있으며, 다양한 도메인의 전문가들이 지속적으로 라이브러리를 개발하고 지원합니다.

3) 파이썬의 활용 분야

- **웹 개발**: Django, Flask 같은 프레임워크를 사용하여 복잡한 웹 애플리케이션을 쉽고 빠르게 개발할 수 있습니다.
- **데이터 과학과 인공지능**: NumPy, Pandas, Matplotlib, Scikit-learn, TensorFlow, PyTorch 같은 라이브러리를 통해 데이터 분석, 머신러닝, 딥러닝 프로젝트를 수행할 수 있습니다.
- **자동화 스크립팅**: 반복적인 작업을 자동화하는 스크립트를 쉽게 작성할 수 있습니다.

- **교육용 프로그래밍 언어**: 간단하고 명확한 문법으로 인해 프로그래밍을 처음 배우는 학생들에게 적합합니다.

파이썬의 편리성과 유연성은 프로그래밍 언어 중에서 특히 주목할 만한 특징입니다. 이러한 이유로 파이썬은 계속해서 인기를 끌고 있으며, 새로운 프로그래머뿐만 아니라 경험 많은 개발자에게도 널리 선택되고 있습니다.

2. 아나콘다 파이썬

그림 1-2

아나콘다(Anaconda)는 데이터 과학과 머신러닝 분야에서 널리 사용되는 파이썬과 R 프로그래밍 언어를 위한 무료 오픈 소스 배포판입니다. 아나콘다는 파이썬과 R을 사용하는 과학, 수학, 공학, 데이터 분석 프로젝트를 위해 특별히 설계되었습니다. 이 배포판은 데이터 과학 관련 패키지와 함께 다양한 도구를 포함하고 있어 개발자와 연구자가 효율적으로 작업할 수 있도록 도와줍니다. 아나콘다에 대한 자세한 설명은 다음과 같습니다.

1) 아나콘다의 주요 특징

- **광범위한 패키지 지원**: 아나콘다는 데이터 과학과 머신러닝을 위해 설계된 수백 개의

패키지를 포함하고 있습니다. 이 패키지들은 설치가 용이하며, 필요한 도구와 라이브러리가 이미 통합되어 있어 별도의 설치 과정 없이 바로 사용할 수 있습니다.
- **환경 관리**: conda라는 강력한 패키지 관리자와 환경 관리자를 사용하여 다양한 프로젝트에 대한 독립적인 파이썬 환경을 생성하고 관리할 수 있습니다. 이를 통해 다양한 의존성과 패키지 버전을 격리하고 프로젝트별로 관리할 수 있습니다.
- **간편한 설치 및 설정**: 아나콘다는 데이터 과학을 시작하는 데 필요한 모든 도구를 포함하고 있으며, 복잡한 설정 없이 쉽게 설치할 수 있습니다.

2) 아나콘다에 포함된 주요 도구

- **Spyder**: 파이썬을 위한 강력한 IDE(통합 개발 환경)로, 과학적 컴퓨팅에 특화되어 있습니다. MATLAB과 비슷한 인터페이스를 제공하며, 인터랙티브 코딩, 디버깅, 변수 탐색 등의 기능을 지원합니다.
- **Jupyter Notebook**: 웹 브라우저에서 코드를 작성하고 실행할 수 있는 도구로, 코드, 텍스트, 수학식, 차트 등을 하나의 문서에 통합하여 결과를 즉시 볼 수 있게 해줍니다.
- **RStudio**: R 프로그래밍 언어를 위한 IDE로, 아나콘다에 포함되어 있어 R 개발자들에게도 편리합니다.

3) 아나콘다를 사용하는 이유

- **프로젝트의 효율적 관리**: 다양한 의존성과 패키지를 쉽게 관리할 수 있어 프로젝트의 복잡성을 줄일 수 있습니다.
- **넓은 커뮤니티 지원과 자료**: 아나콘다를 사용하는 사용자가 많기 때문에 다양한 문제에 대한 해결책을 쉽게 찾을 수 있고, 많은 학습 자료가 제공됩니다.

쉽게 설명하면 파이썬에 유용하고 다양한 도구가 설치되어 있는 완성형 파이썬을 아나콘다라고 생각하시면 됩니다. 아나콘다는 데이터 과학과 머신러닝 분야에서 프로젝트를 수행하기 위한 강력하고 편리한 플랫폼을 제공합니다. 초보자부터 전문가까지 모든 수준의 사용자가 효과적으로 작업을 진행할 수 있도록 지원합니다.

3. 파이썬 설치하기

먼저 PC에 아나콘다 파이썬을 설치하는 방법부터 알아보겠습니다. 이 책은 윈도우를 기반으로 진행하고 있습니다. 맥에서도 아나콘다 파이썬을 설치할 수 있지만 설치 과정이 이 책과 다를 수 있고 진행하는 데 있어서 과정이 조금 다를 수 있습니다. 따라서 윈도우 기반에서 이 책을 학습하시기를 추천합니다. 자, 그럼 아나콘다 파이썬을 설치해 봅시다.

1) 아나콘다 파이썬 설치하기

(1) 구글 검색창에 "Anaconda Python"을 검색하세요. 검색하면 결과창에 "Distribution"이라는 페이지가 보일 겁니다. 해당 페이지를 클릭하세요.

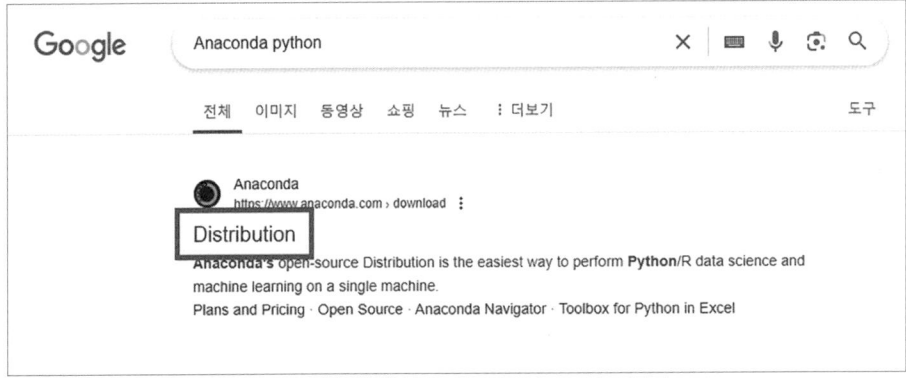

그림 1-3

(2) 해당 페이지에 들어가면 아래와 같은 화면이 보입니다. 빨간색 네모 박스로 표시된 "Skip registration"을 클릭하세요.

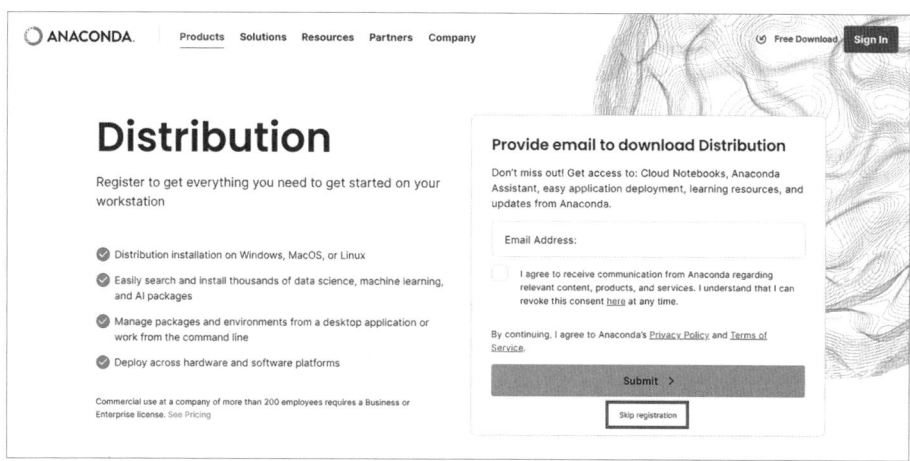

그림 1-4

(3) "Download" 버튼을 클릭해서 설치 실행 파일을 다운로드하세요.

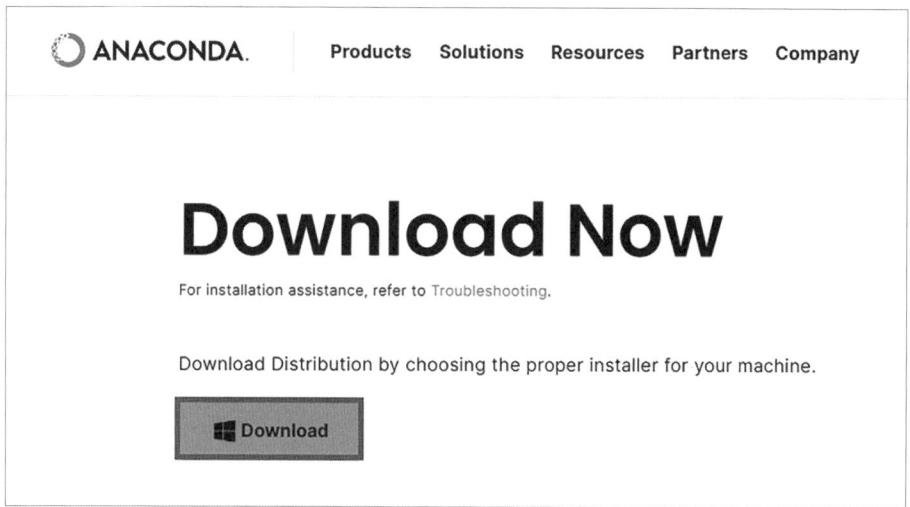

그림 1-5

(4) 설치 실행 파일을 실행하면 아래와 같은 화면이 뜹니다. "Next" 버튼을 클릭하세요.

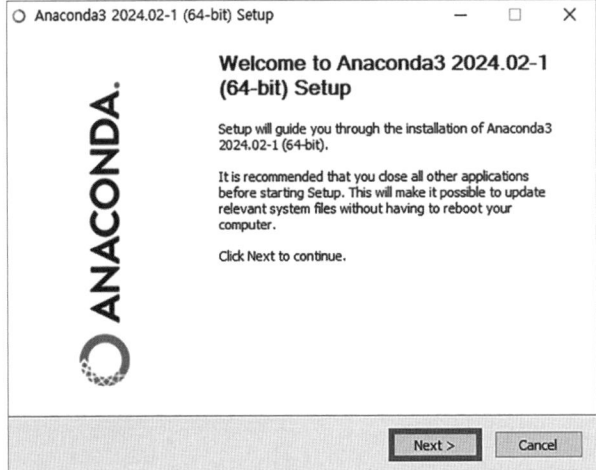

그림 1-6

(5) "I Agree" 버튼을 클릭하세요.

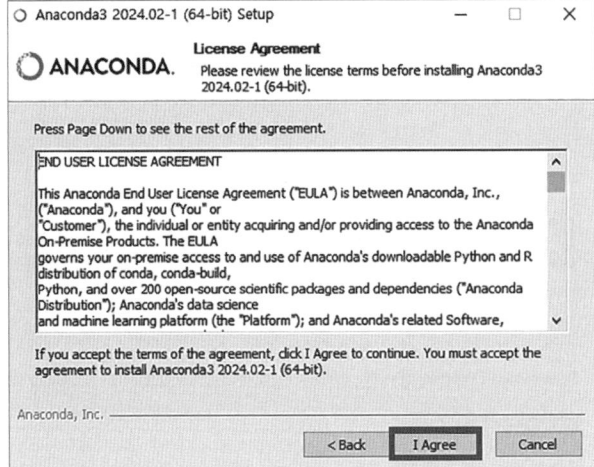

그림 1-7

(6) "Just Me"를 클릭하고 "Next" 버튼을 클릭하세요.

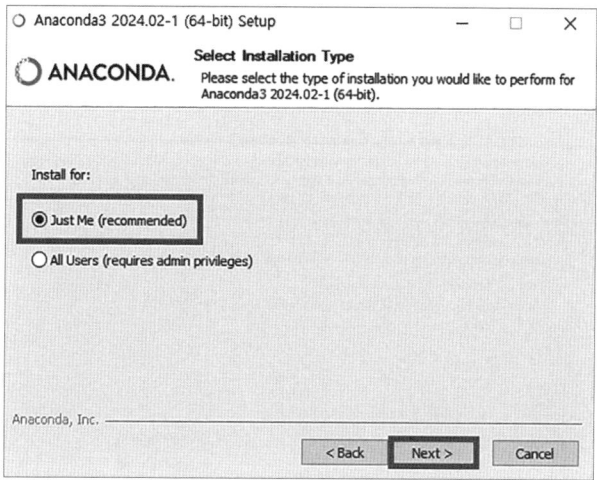

그림 1-8

(7) 아나콘다를 설치하는 경로를 설정하는 화면입니다. 경로는 그대로 두시고 "Next" 버튼을 클릭하세요. (여기서 설치가 잘 진행되지 않을 수가 있습니다. 만약 설치가 잘 안 되시는 분들은 윈도우 계정명이 한글이라서 그럴 확률이 높습니다. 이러한 경우에는 윈도우의 "설정 - 계정 - 가족 및 다른 사용자" 항목에서 다른 사용자 추가를 한 뒤 이름을 영문으로 하고 그 계정에서 설치를 다시 진행하세요.)

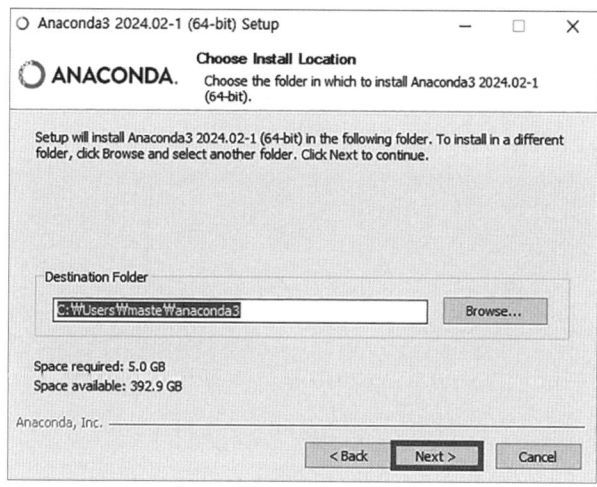

그림 1-9

(8) 체크 옵션을 모두 체크한 뒤, "Install" 버튼을 클릭하세요.

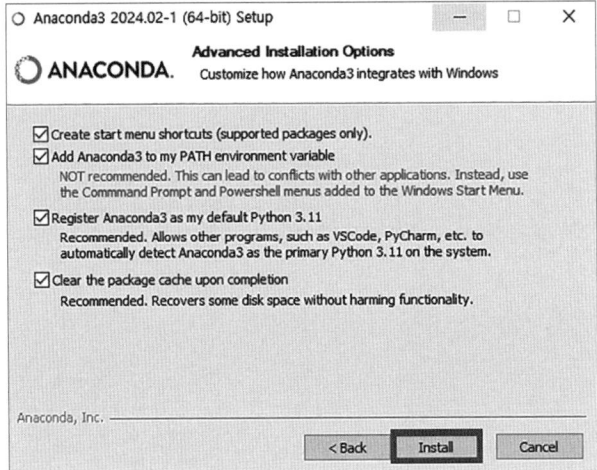

그림 1-10

(9) 설치 진행이 모두 완료될 때까지 기다리고, 설치가 모두 완료되면, "Next" 버튼을 클릭하세요. (파일이 커서 오래 걸릴 수 있습니다. 빠르면 1~2분 안에 설치되지만, 컴퓨터 환경에 따라 최대 30분이 걸릴 수도 있으니 안심하시고 천천히 기다려 주세요.)

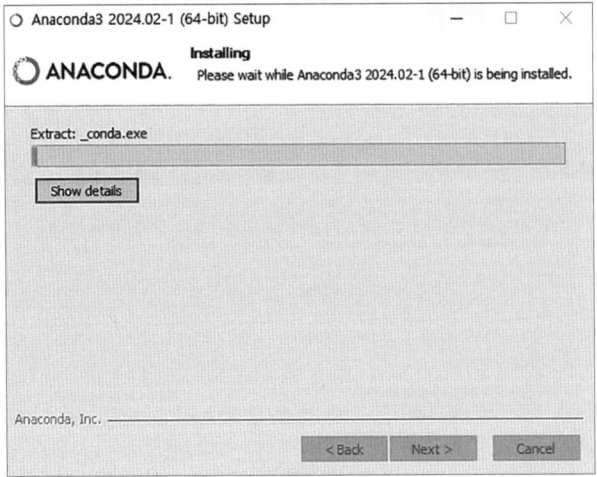

그림 1-11

(10) "Next" 버튼을 클릭하세요.

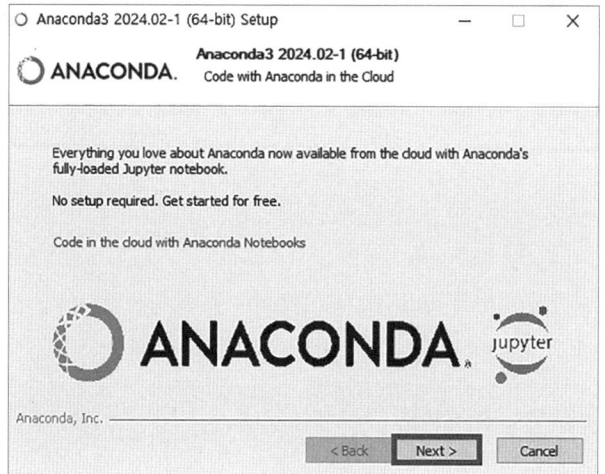

그림 1-12

(11) 설치가 모두 끝났습니다! 체크 박스는 모두 해제한 뒤, "Finish" 버튼을 클릭하세요.

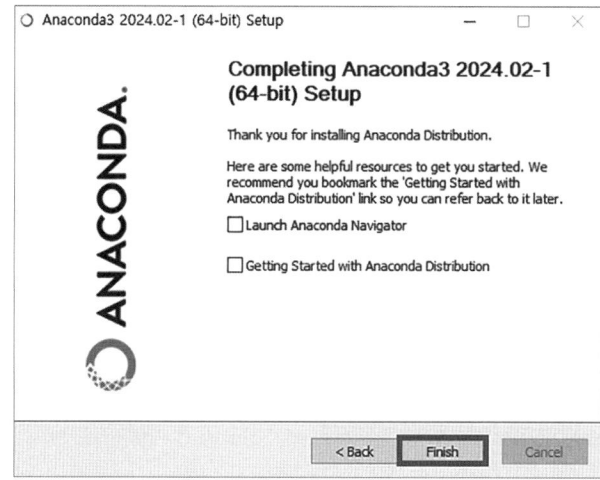

그림 1-13

2) Jupyter Notebook 실행하기

Jupyter Notebook은 데이터 분석과 과학 컴퓨팅을 위한 오픈 소스 웹 애플리케이션으로, 코드를 작성하고 실행하며, 데이터 시각화와 해석을 하나의 문서에서 할 수 있도록 도와줍니다. 이 책에서도 모든 데이터 분석 과정을 Jupyter Notebook에서 진행합니다. Anaconda Python을 설치하면 자동으로 Jupyter Notebook도 설치됩니다. Jupyter Notebook을 열어 봅시다.

(1) 윈도우 검색창을 클릭하고 "Jupyter Notebook"을 입력하면 아래와 같이 오렌지색의 Jupyter Notebook 아이콘이 나타납니다. 해당 아이콘을 클릭하세요.

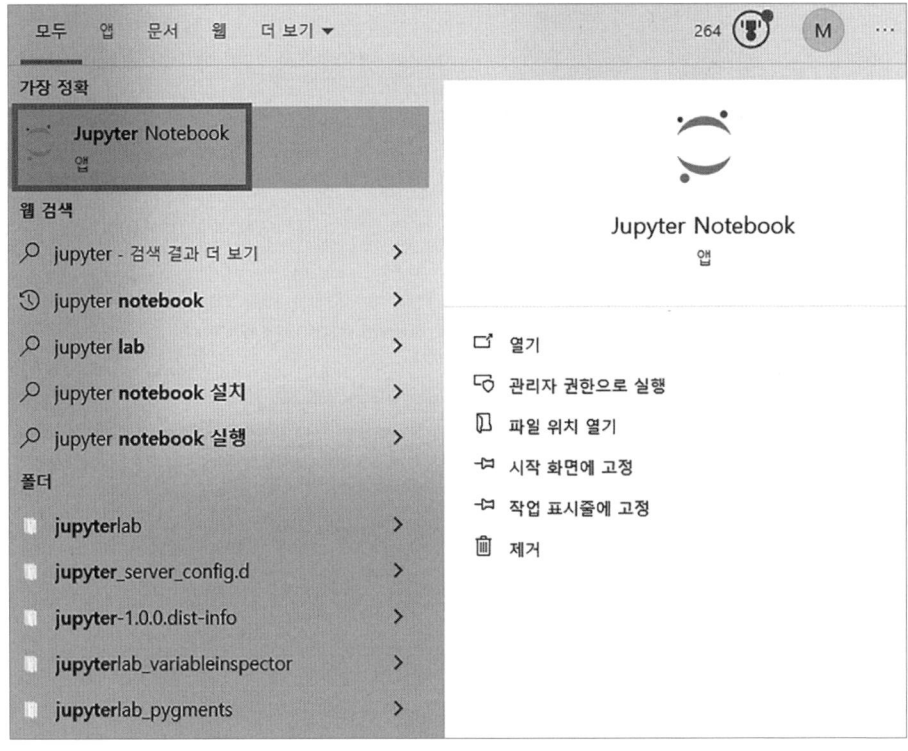

그림 1-14

(2) Jupyter Notebook 아이콘을 클릭하면 아래와 같은 검은 화면이 나옵니다. 이 검은 화면이 켜져 있어야만 Notebook 안에서 프로그래밍할 수 있어 절대로 끄시면 안 됩니다. 최소화 버튼을 눌러 작업 표시줄에 숨겨 놓으세요.

그림 1-15

(3) 조금 기다리면 아래와 같이 Jupyter Notebook 화면이 나타납니다. 오른쪽 상단의 "New" 버튼을 클릭하세요. (만약 화면이 나타나지 않는다면 계정명이 한글로 되어 있어서 영어만 지원하는 아나콘다 파이썬 특성상 경로를 찾지 못할 가능성이 높습니다. 만약 그런 상황이라면 "아나콘다 파이썬 설치하기"의 7번 내용을 참고해 주세요.)

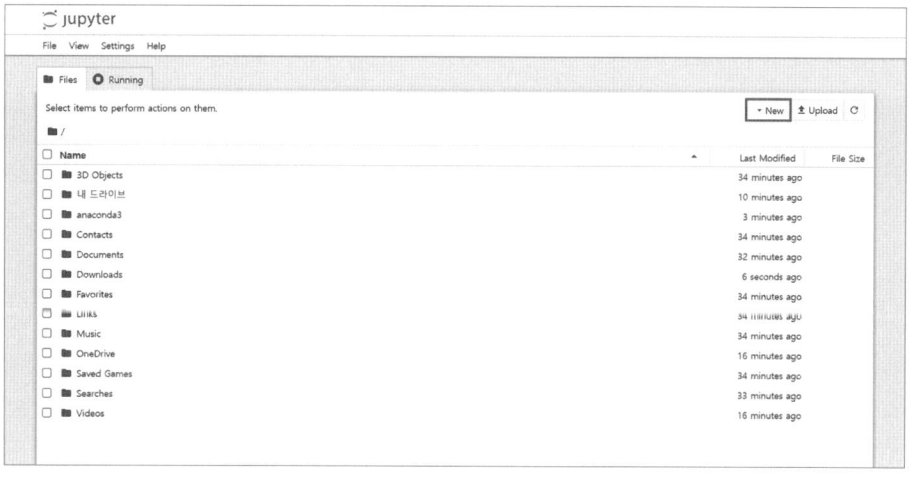

그림 1-16

(4) "New" 버튼을 클릭하면 아래와 같은 화면이 표시됩니다. "Notebook"을 클릭하세요.

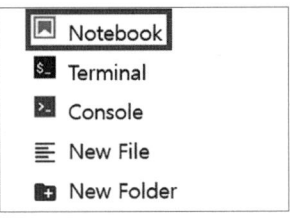

그림 1-17

(5) 아래와 같은 화면이 나오면 Select kernel 부분에는 "Python 3"를 선택, 그리고 체크 박스는 체크한 뒤, "Select" 버튼을 클릭하세요.

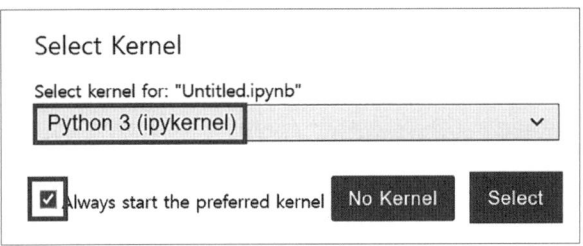

그림 1-18

(6) 드디어 Jupyter Notebook 창이 열렸습니다! 앞으로 여기서 파이썬 프로그래밍을 진행할 것입니다. 진행했던 파일을 나중에 다시 찾아보기 편하게 제목을 수정합니다. 왼쪽 상단의 제목 부분을 클릭하면 제목을 수정할 수 있습니다. 필자는 "Project1"이라고 수정해 보겠습니다. (다른 제목으로 하셔도 무방합니다.)

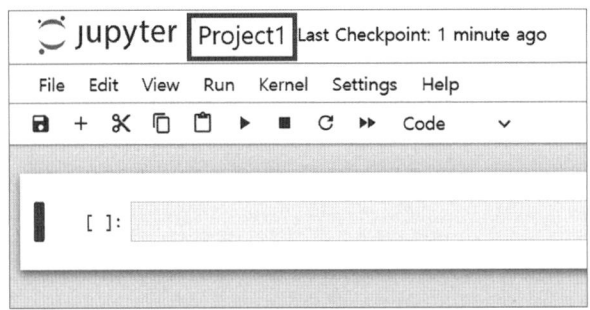

그림 1-19

(7) 화면 상단 "Settings" 탭에서 "Auto Close Brackets"을 체크하세요.

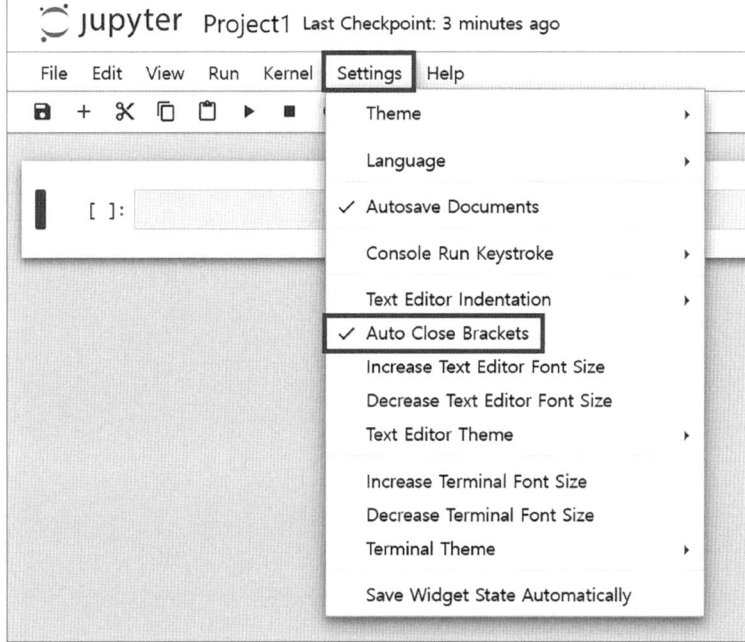

그림 1-20

축하합니다! 이제 우리가 파이썬 프로그래밍을 할 수 있는 모든 환경 설정이 끝났습니다.

코드창에 print("Hello Python!")을 입력하고 Shift + 엔터 키를 눌러 코드를 실행하세요.

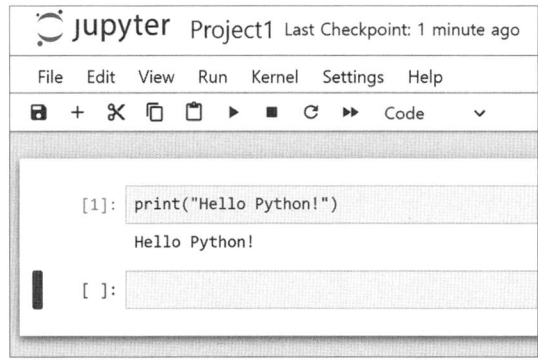

그림 1-21

화면에 print() 함수 안에 입력한 "Hello Python!"이 잘 출력되었다면 성공입니다! 환경 설정이 모두 끝났으니 이제 바로 파이썬 기초 프로그래밍 문법부터 알아보겠습니다. 혹시라도 프로그래밍하기가 겁나는 입문자분들이 있다면 안심하세요. 파이썬은 다른 프로그래밍 언어와는 다르게 배우기 아주 쉬운 언어입니다.

4. 변수란 무엇인가?

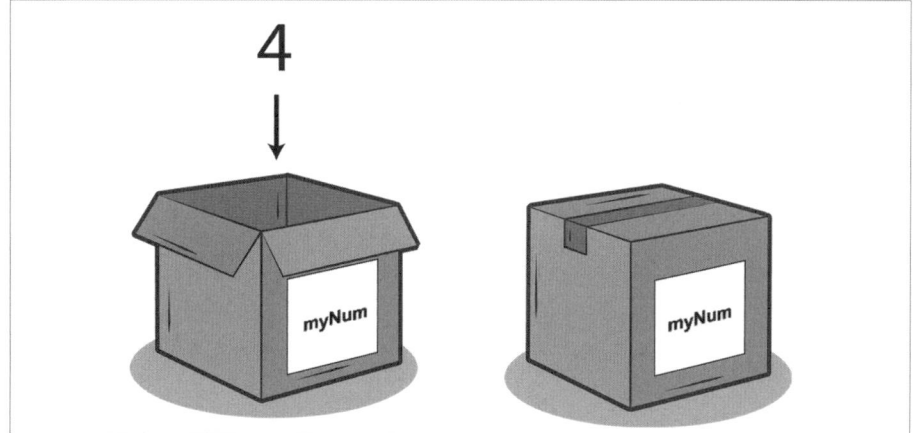

그림 1-22

변수(Variable)는 데이터를 저장할 수 있는 메모리 공간을 의미합니다. 프로그래밍에서는 이 변수를 사용하여 데이터를 저장하고, 저장된 데이터를 참조하거나 수정할 수 있습니다. 변수는 프로그램이 실행되는 동안에만 존재하며, 프로그램이 종료되면 사라집니다.

1) 파이썬에서 변수 사용하기

파이썬에서 변수를 사용하려면 먼저 변수에 값을 할당해야 합니다. 이 과정을 '변수 초기화'라고 하며, 이때 변수에 데이터 유형이 지정됩니다. 파이썬은 동적 타이핑 언어이므로 변수의 데이터 유형을 명시적으로 선언할 필요가 없습니다. 변수의 타입은 할당된 값에 따라 자동으로 결정됩니다. 아래 " "코드를 앞에서 만들었던 Jupyter Notebook에서 입력하고 실행해 보세요.

```
# 변수 선언과 할당
number = 10
message = "Hello, Python!"

# 변수 출력
print(number)
print(message)

# 변숫값 변경
number = 15
print(number)
```

```
10
Hello, Python!
15
```

2) 변수 명명 규칙

파이썬에서 변수 이름을 지을 때는 몇 가지 규칙을 따라야 합니다.

- 변수 이름은 문자, 숫자, 밑줄(_)을 포함할 수 있지만, 숫자로 시작할 수는 없습니다.
- 파이썬의 키워드(예: if, for, class 등)는 변수 이름으로 사용할 수 없습니다.
- 대소문자를 구분합니다(예: age, Age, AGE는 서로 다른 변수입니다).

5. 주석이란 무엇인가?

주석은 프로그램의 실행에 영향을 주지 않는 텍스트입니다. 즉, 프로그램을 실행할 때 컴파일러나 인터프리터는 주석을 무시하고, 주석이 아닌 코드만을 실행합니다. 주석은 주로 다음과 같은 용도로 사용됩니다.

- 코드의 특정 부분이 어떤 일을 하는지 설명합니다.
- 수정할 부분이나 주의해야 할 점을 표시합니다.
- 개발 중 임시로 코드를 비활성화할 때 사용합니다.

1) 파이썬에서 주석 사용하기
파이썬에서는 두 가지 유형의 주석을 사용할 수 있습니다.

(1) 한 줄 주석
한 줄 주석은 # 기호를 사용하여 작성합니다. # 기호 이후에 나오는 텍스트는 모두 주석 처리됩니다.

```
# 이것은 한 줄 주석입니다.
print("Hello, Python!")   # 이 부분도 주석입니다.
```

```
Hello, Python!
```

(2) 다중 줄 주석

파이썬은 공식적으로 다중 줄 주석을 지원하지 않지만, 문자열을 이용하여 여러 줄에 걸친 주석을 작성할 수 있습니다. 이를 위해 세 개의 큰따옴표(" " ")나 세 개의 작은따옴표(''')를 사용하여 문자열을 시작하고 끝내야 합니다.

```
"""
이것은
다중 줄 주석입니다.
아래 코드는 간단한 출력을 수행합니다.
"""
print("Multiline comments are cool!")
```

```
Multiline comments are cool!
```

2) 주석의 좋은 사용 예

좋은 주석은 해당 코드가 왜 그렇게 작성되었는지 그 배경이나 의도를 설명합니다. 문제를 해결하는 코드가 명확하지 않을 때 접근법이나 알고리즘을 설명하는 데 중점을 두어야 합니다. 특정 비즈니스 규칙 때문에 이런 로직이 필요했다거나, 성능 최적화를 위해 특별한 방식을 사용했다는 설명이 좋은 주석의 예시가 될 수 있습니다.

```
# 예제: 주석을 통해 함수의 목적 설명
def add(a, b):
    """
    두 숫자의 합을 반환합니다.
    입력:
    - a: 숫자 1 (int or float)
    - b: 숫자 2 (int or float)

    출력:
    - 두 숫자의 합(int or float)
    """
    return a + b
```

이렇게 주석을 사용하여 코드의 이해도를 높이고, 누구나 코드의 의도와 동작을 쉽게 파악할 수 있게 만드는 것이 좋습니다.

6. 숫자형 자료형

파이썬에서는 주로 세 가지 주요 숫자형 자료형을 제공합니다: 정수형(int), 부동소수점형(float), 그리고 복소수형(complex).

1) 정수형

정수형(Integer, int)은 소수점이 없는 숫자를 나타냅니다. 파이썬에서는 int로 표현되며, 양의 정수, 0, 음의 정수를 포함합니다. 파이썬에서는 메모리의 한계 내에서 크기에 제한 없이 정수를 저장할 수 있습니다.

```
a = 10
b = -5
print(type(a))
print(a + b)
```

```
<class 'int'>
5
```

[코드 설명]
- a = 10: 변수 a에 정수 10을 저장합니다.
- b = -5: 변수 b에 정수 -5를 저장합니다.

- print(type(a)): a의 데이터 타입을 출력합니다. 여기서는 int 타입이므로 <class 'int'>가 출력됩니다.
- print(a + b): a와 b의 값을 더한 결과를 출력합니다. 10 + (-5)는 5이므로 5가 출력됩니다.

2) 부동소수점형

부동소수점형(Floating Point, float)은 소수점을 포함하는 숫자를 나타냅니다. 파이썬에서는 float로 표현되며, 실수를 표현하는 데 사용됩니다. 부동소수점 숫자는 정수보다 더 넓은 범위의 값을 표현할 수 있지만, 때로는 정밀도에 제한이 있을 수 있습니다.

```
x = 3.14
y = -2.5
print(type(x))
print(x * y)
```

```
<class 'float'>
-7.8500000000000005
```

3) 숫자형 자료형의 연산

파이썬은 다양한 숫자 연산자를 지원합니다.

```
print(10 + 5)
print(10 / 3)
print(10 // 3)
print(10 % 3)
print(2 ** 3)
```

```
15
3.3333333333333335
3
1
8
```

[코드 설명]
- print(10 + 5):
  - + 연산자는 덧셈을 수행합니다.
  - 10과 5를 더한 값은 15입니다.
  - 출력: 15

- print(10 / 3):
  - / 연산자는 나눗셈을 수행하며, 결과는 실수형(float)입니다.
  - 10을 3으로 나눈 값은 3.3333333333333335입니다.
  - 출력: 3.3333333333333335

- print(10 // 3):
  - // 연산자는 몫 연산자(정수 나눗셈)입니다.
  - 10을 3으로 나눈 몫은 3입니다.
  - 출력: 3

- print(10 % 3):
  - % 연산자는 나머지 연산자입니다.
  - 10을 3으로 나눈 나머지는 1입니다.
  - 출력: 1

- print(2 ** 3):
  - ** 연산자는 거듭제곱 연산자입니다.
  - 2를 3 제곱한 값은 8입니다.
  - 출력: 8

이렇게 숫자형 자료형은 파이썬에서 데이터를 처리하고 수학적 계산을 수행할 때 필수적인 부분입니다. 각 자료형의 특성을 잘 이해하고 사용하는 것이 중요합니다.

7. 문자열 자료형

문자열 자료형은 프로그래밍에서 텍스트 데이터를 다루는 데 사용됩니다. 파이썬에서 문자열은 매우 유연하고 강력한 데이터 유형으로, 문자들의 시퀀스로 정의됩니다. 이번에는 파이썬에서의 문자열 자료형의 기본적인 사용법과 문자열을 다루는 몇 가지 중요한 기능들을 자세히 설명하겠습니다.

1) 문자열 정의 및 생성

파이썬에서 문자열을 생성하기 위해 작은따옴표(' ') 또는 큰따옴표(" ")를 사용할 수 있습니다. 긴 텍스트에는 세 개의 작은따옴표 또는 큰따옴표를 사용하여 여러 줄에 걸친 문자열을 생성할 수 있습니다.

```
# 작은따옴표 또는 큰따옴표 사용
string1 = 'Hello'
string2 = "World"

# 여러 줄 문자열
string3 = """Hello,
World!
Welcome to Python."""
```

```
print(string1)
print(string2)
print(string3)
```

```
Hello
World
Hello,
World!
Welcome to Python.
```

[코드 설명]
- 작은따옴표 또는 큰따옴표 사용:
  - string1 = 'Hello': 작은따옴표를 사용하여 문자열 'Hello'를 변수 string1에 할당합니다.
  - string2 = "World": 큰따옴표를 사용하여 문자열 "World"를 변수 string2에 할당합니다.
  - 파이썬에서는 작은따옴표와 큰따옴표 모두 문자열을 정의하는 데 사용할 수 있으며, 두 가지는 동일하게 취급됩니다.

- 여러 줄 문자열:
  - string3 = """Hello, World! Welcome to Python.""": 세 개의 큰따옴표(""")나 세 개의 작은따옴표(''')를 사용하여 여러 줄 문자열을 정의할 수 있습니다. 이 경우, 문자열 안에 줄 바꿈이 포함될 수 있습니다.

2) 문자열 연산

파이썬에서는 문자열을 쉽게 조작할 수 있는 다양한 연산자와 메서드를 제공합니다. 문자열을 합치거나 반복하는 기본 연산부터 시작해 보겠습니다.

```
# 문자열 연결
greeting = string1 + " " + string2
print(greeting)

# 문자열 반복
laugh = "Ha" * 3
print(laugh)
```

```
Hello World
HaHaHa
```

3) 문자열 메서드

파이썬의 문자열은 다양한 내장 메서드를 가지고 있어 문자열을 손쉽게 처리할 수 있습니다. 몇 가지 유용한 문자열 메서드를 살펴보겠습니다.

```python
# 문자열 길이
print(len(greeting))

# 대문자로 변환
print(greeting.upper())

# 소문자로 변환
print(greeting.lower())

# 문자열 분할
words = greeting.split()
print(words)

# 특정 문자의 위치 찾기
index = greeting.find('World')
print(index)

# 문자열 교체
new_greeting = greeting.replace("Hello", "Goodbye")
print(new_greeting)
```

```
11
HELLO WORLD
hello world
['Hello', 'World']
6
Goodbye World
```

[코드 설명]
- 문자열 길이(len 함수):
  - print(len(greeting))는 greeting 문자열의 길이를 출력합니다.
  - greeting은 "Hello, World!"이므로 길이는 13입니다.

- 대문자로 변환(upper 메서드):
  - print(greeting.upper())는 greeting 문자열을 대문자로 변환하여 출력합니다.
  - 결과는 "HELLO, WORLD!"입니다.

- 소문자로 변환(lower 메서드):
  - print(greeting.lower())는 greeting 문자열을 소문자로 변환하여 출력합니다.
  - 결과는 "hello, world!"입니다.

- 문자열 분할(split 메서드):
  - words = greeting.split()는 greeting 문자열을 공백을 기준으로 분할하여 리스트로 저장합니다.
  - 결과는 ['Hello,', 'World!']입니다.

- 특정 문자의 위치 찾기(find 메서드):
  - index = greeting.find('World')는 greeting 문자열에서 'World'라는 부분 문자열이 처음 등장하는 위치의 인덱스를 반환합니다.
  - 결과는 7입니다.

- 문자열 교체(replace 메서드):
  - new_greeting = greeting.replace("Hello", "Goodbye")는 greeting 문자열에서 "Hello"를 "Goodbye"로 교체한 새로운 문자열을 반환합니다.
  - 결과는 "Goodbye, World!"입니다.

4) 문자열 포매팅

파이썬에서는 문자열 내에 변수를 포함할 수 있는 여러 가지 방법을 제공합니다. 이를 통해 동적인 문자열을 생성할 수 있습니다.

```
name = "Jane"
age = 28

# f-string 사용
message = f"{name} is {age} years old."
print(message)
```

```
# format 메서드 사용
message = "{} is {} years old.".format(name, age)
print(message)
```

```
Jane is 28 years old.
Jane is 28 years old.
```

[코드 설명]
- f-string 사용:
  - f-string은 문자열을 쉽게 형식화할 수 있는 파이썬 3.6 이상에서 도입된 기능입니다.
  - f"{name} is {age} years old."에서 중괄호 {} 안에 변수명을 직접 넣어주면 해당 변수의 값이 문자열에 삽입됩니다.
  - name이 "Jane", age가 28이므로 결과는 "Jane is 28 years old."가 됩니다.
  - print(message)는 "Jane is 28 years old."를 출력합니다.

- format 메서드 사용:
  - format 메서드는 문자열을 형식화하는 또 다른 방법입니다.
  - "{} is {} years old.".format(name, age)에서 중괄호 {}는 자리 표시자로 사용되고, format 메서드의 인자로 전달된 값들이 순서대로 대체됩니다.
  - name이 "Jane", age가 28이므로 결과는 "Jane is 28 years old."가 됩니다.
  - print(message)는 "Jane is 28 years old."를 출력합니다.

f-string은 더 직관적이고 가독성이 좋아 최신 파이썬 코드에서는 많이 사용됩니다.

이처럼 문자열 자료형은 데이터를 표현하고, 사용자와의 상호 작용을 구현하며, 파일을 읽고 쓰는 등 다양한 프로그래밍 작업에서 중요한 역할을 합니다. 각 문자열 메서드와 특성을 잘 이해하고 사용하면, 데이터 처리와 소프트웨어 개발에서 큰 이점을 얻을 수 있습니다.

8. 리스트 자료형

리스트 자료형은 파이썬에서 가장 유연하고 강력한 자료 구조 중 하나로, 여러 개의 다른 데이터를 순서대로 저장할 수 있는 컬렉션입니다. 리스트는 수정 가능하며 (Mutable), 동적 배열의 특성이 있습니다. 이번에는 리스트의 기본적인 사용법과 리스트를 다루는 데 사용되는 다양한 연산 및 메서드에 대해 자세히 설명하겠습니다.

1) 리스트 생성 및 접근

리스트는 대괄호 [] 안에 쉼표로 구분된 값들을 포함함으로써 생성됩니다. 리스트의 각 요소는 0부터 시작하는 인덱스로 접근할 수 있습니다.

```python
# 리스트 생성
fruits = ["apple", "banana", "cherry"]

# 리스트의 요소 접근
print(fruits[0])
print(fruits[2])
```

```
apple
cherry
```

[코드 설명]
- 리스트 생성:
  - fruits = ["apple", "banana", "cherry"]는 세 개의 문자열 요소를 포함하는 리스트 fruits를 생성합니다.
  - 리스트는 여러 값을 하나의 변수에 저장할 수 있는 데이터 구조로, 각 값은 인덱스를 통해 접근할 수 있습니다.

- 리스트의 요소 접근:
  - 리스트의 요소는 0부터 시작하는 인덱스를 사용하여 접근할 수 있습니다.
  - print(fruits[0])는 리스트 fruits의 첫 번째 요소인 "apple"을 출력합니다.
  - print(fruits[2])는 리스트 fruits의 세 번째 요소인 "cherry"를 출력합니다.

2) 리스트 수정 및 조작

리스트는 요소를 추가, 삭제 또는 변경할 수 있어서 매우 유연합니다. 이러한 작업은 내장된 메서드를 통해 쉽게 수행할 수 있습니다.

```
# 요소 추가
fruits.append("orange")  # 리스트 끝에 'orange' 추가
print(fruits)

# 특정 위치에 요소 추가
fruits.insert(1, "blueberry")  # 인덱스 1 위치에 'blueberry' 추가
print(fruits)

# 요소 제거
fruits.remove("banana")  # 'banana' 제거
print(fruits)

# 리스트 요소 변경
fruits[0] = "strawberry"
print(fruits)
```

```
['apple', 'banana', 'cherry', 'orange']
['apple', 'blueberry', 'banana', 'cherry', 'orange']
['apple', 'blueberry', 'cherry', 'orange']
['strawberry', 'blueberry', 'cherry', 'orange']
```

[코드 설명]
- 요소 추가(append 메서드):
  - fruits.append("orange")는 리스트 fruits의 끝에 "orange"를 추가합니다.
  - append 메서드는 리스트에 새로운 요소를 추가할 때 사용됩니다.
  - 출력 결과는 ['apple', 'banana', 'cherry', 'orange']입니다.

- 특정 위치에 요소 추가(insert 메서드):
  - fruits.insert(1, "blueberry")는 인덱스 1 위치에 "blueberry"를 추가합니다.
  - insert 메서드는 리스트의 특정 위치에 새로운 요소를 삽입할 때 사용됩니다.
  - 출력 결과는 ['apple', 'blueberry', 'banana', 'cherry', 'orange']입니다.

- 요소 제거(remove 메서드):
  - fruits.remove("banana")는 리스트에서 "banana"를 제거합니다.
  - remove 메서드는 리스트에서 특정 요소를 제거할 때 사용됩니다. 제거할 요소가 리스트에 없는 경우 ValueError가 발생합니다.
  - 출력 결과는 ['apple', 'blueberry', 'cherry', 'orange']입니다.

- 리스트 요소 변경:
  - fruits[0] = "strawberry"는 인덱스 0 위치의 요소를 "strawberry"로 변경합니다.
  - 리스트의 특정 인덱스에 접근하여 값을 변경할 수 있습니다.
  - 출력 결과는 ['strawberry', 'blueberry', 'cherry', 'orange']입니다.

3) 리스트 연산

리스트를 사용할 때, 여러 가지 유용한 연산을 수행할 수 있습니다. 리스트를 합치거나 반복하는 것과 같은 연산이 포함됩니다.

```
# 리스트 합치기
vegetables = ["carrot", "potato", "cucumber"]
food = fruits + vegetables
print(food)

# 리스트 반복
repeated_fruits = fruits * 2
print(repeated_fruits)
```

```
['strawberry', 'blueberry', 'cherry', 'orange', 'carrot', 'potato',
```

```
 'cucumber']
['strawberry', 'blueberry', 'cherry', 'orange', 'strawberry', 'blueberry',
 'cherry', 'orange']
```

[코드 설명]
- 리스트 합치기:
  - food = fruits + vegetables는 리스트 fruits와 vegetables를 합쳐서 새로운 리스트 food를 만듭니다.
  - + 연산자는 두 리스트를 이어 붙여 하나의 리스트로 만듭니다.
  - 결과는 ['strawberry', 'blueberry', 'cherry', 'orange', 'carrot', 'potato', 'cucumber']입니다.

- 리스트 반복:
  - repeated_fruits = fruits * 2는 리스트 fruits를 두 번 반복하여 새로운 리스트 repeated_fruits를 만듭니다.
  - * 연산자는 리스트를 반복하여 새로운 리스트를 만듭니다.
  - 결과는 ['strawberry', 'blueberry', 'cherry', 'orange', 'strawberry', 'blueberry', 'cherry', 'orange']입니다.

4) 리스트 슬라이싱

리스트 슬라이싱을 통해 리스트의 특정 부분만을 추출할 수 있습니다. 슬라이싱은 리스트[start:end:step] 형식으로 사용됩니다.

```
# 슬라이싱 예제
numbers = [0, 1, 2, 3, 4, 5, 6, 7, 8, 9]
sub_numbers = numbers[2:7]   # 인덱스 2부터 6까지 추출
print(sub_numbers)

# 스텝을 이용한 슬라이싱
even_numbers = numbers[0:10:2]   # 인덱스 0부터 9까지 2의 간격으로 추출
print(even_numbers)
```

```
[2, 3, 4, 5, 6]
[0, 2, 4, 6, 8]
```

[코드 설명]
- sub_numbers = numbers[2:7]은 리스트 numbers에서 인덱스 2부터 인덱스 6까지의 요소를 추출하여 sub_numbers에 저장합니다.
  - 슬라이싱 구문 numbers[start:end]에서 start는 시작 인덱스(포함), end는 끝 인덱스(포함하지 않음)입니다.
  - 따라서 numbers[2:7]은 인덱스 2, 3, 4, 5, 6의 요소를 추출하여 [2, 3, 4, 5, 6]을 반환합니다.

- 스텝을 이용한 슬라이싱:
  - even_numbers = numbers[0:10:2]는 리스트 numbers에서 인덱스 0부터 인덱스 9까지 2의 간격으로 요소를 추출하여 even_numbers에 저장합니다.
  - 슬라이싱 구문 numbers[start:end:step]에서 step은 요소를 추출하는 간격을 의미합니다.
  - 따라서 numbers[0:10:2]는 인덱스 0, 2, 4, 6, 8의 요소를 추출하여 [0, 2, 4, 6, 8]을 반환합니다.

리스트는 파이썬에서 다양한 데이터를 조직적으로 관리하고, 여러 데이터 처리 작업을 수행할 때 매우 유용하게 사용됩니다. 이러한 기본적인 기능과 메서드를 이해하고 사용하는 것은 파이썬 프로그래밍의 기본이며, 많은 프로그램과 애플리케이션에서 필수적인 기술입니다.

9. 튜플 자료형

튜플 자료형은 파이썬에서 중요한 데이터 구조 중 하나로, 리스트와 비슷하지만 몇 가지 중요한 차이점이 있습니다. 튜플은 변경 불가능한(Immutable) 순서가 있는 요소의 모음입니다. 이번에는 튜플의 기본적인 특성과 사용 방법 그리고 튜플을 사용할 때의 장점에 대해 자세히 알아보겠습니다.

1) 튜플 생성 및 접근

튜플은 괄호 ()를 사용하여 생성하며, 요소들은 쉼표로 구분됩니다. 튜플의 요소에 접근하기 위해서는 인덱스를 사용할 수 있습니다.

```python
# 튜플 생성
my_tuple = (1, 2, 3, "hello", "world")

# 튜플의 요소 접근
print(my_tuple[0])
print(my_tuple[3])
```

```
1
hello
```

[코드 설명]
- 튜플 생성:
  - my_tuple = (1, 2, 3, "hello", "world")는 다양한 데이터 타입을 포함하는 튜플 my_tuple을 생성합니다.
  - 튜플은 리스트와 비슷하지만, 변경할 수 없는(immutable) 특성을 가집니다. 즉, 튜플의 요소는 한 번 정의되면 변경할 수 없습니다.

- 튜플의 요소 접근:
  - 튜플의 요소는 리스트와 마찬가지로 0부터 시작하는 인덱스를 사용하여 접근할 수 있습니다.
  - print(my_tuple[0])는 튜플 my_tuple의 첫 번째 요소인 1을 출력합니다.
  - print(my_tuple[3])는 튜플 my_tuple의 네 번째 요소인 "hello"를 출력합니다.

2) 튜플의 변경 불가능성

튜플의 큰 특징 중 하나는 일단 생성되면 변경할 수 없다는 것입니다. 이는 리스트와 대비되는 특징이며, 튜플 내의 데이터가 프로그램 실행 도중에 변경되지 않도록 보장합니다.

```
my_tuple = (1, 2, 3)
my_tuple[0] = 4
```

에러 발생!

3) 튜플 연산

튜플은 변경 불가능한 자료형이지만, 리스트와 유사한 몇 가지 연산을 지원합니다. 예를 들어, 튜플끼리는 더하거나 곱할 수 있습니다.

```
# 튜플 합치기
tuple1 = (1, 2, 3)
tuple2 = (4, 5, 6)
combined_tuple = tuple1 + tuple2
print(combined_tuple)
```

```
# 튜플 반복
repeated_tuple = tuple1 * 3
print(repeated_tuple)
```

```
(1, 2, 3, 4, 5, 6)
(1, 2, 3, 1, 2, 3, 1, 2, 3)
```

[코드 설명]
- 튜플 합치기:
  - combined_tuple = tuple1 + tuple2는 튜플 tuple1과 tuple2를 합쳐서 새로운 튜플 combined_tuple을 만듭니다.
  - + 연산자는 두 튜플을 이어 붙여 하나의 튜플로 만듭니다.
  - 결과는 (1, 2, 3, 4, 5, 6)입니다.
  - print(combined_tuple)는 합쳐진 튜플을 출력합니다.

- 튜플 반복:
  - repeated_tuple = tuple1 * 3은 튜플 tuple1을 세 번 반복하여 새로운 튜플 repeated_tuple을 만듭니다.
  - * 연산자는 튜플을 반복하여 새로운 튜플을 만듭니다.
  - 결과는 (1, 2, 3, 1, 2, 3, 1, 2, 3)입니다.

4) 패킹

패킹(Packing)은 여러 데이터 값을 하나의 변수에 넣는 과정을 말합니다. 튜플 패킹은 여러 값을 괄호 () 안에 넣어 하나의 튜플로 만드는 것을 의미합니다.

```
# 패킹 예제
my_tuple = 1, 2, 3, "hello"  # 괄호 없이도 튜플 패킹 가능
print(my_tuple)
```

```
(1, 2, 3, 'hello')
```

[코드 설명]
튜플 패킹:
- my_tuple = 1, 2, 3, "hello"는 여러 개의 값을 하나의 튜플로 묶는 예제입니다. 이와 같이 괄호 없이도 튜플을 생성할 수 있습니다.

- 파이썬은 쉼표(,)를 기준으로 튜플을 인식하므로 괄호를 생략해도 튜플로 인식됩니다.
- 생성된 튜플은 (1, 2, 3, "hello")입니다.

5) 언패킹

언패킹(Unpacking)은 패킹된 변수에서 여러 개의 데이터를 다시 추출하여 각각의 변수에 할당하는 과정을 말합니다. 튜플 언패킹은 하나의 튜플로부터 여러 개의 변수로 값을 분해하여 할당합니다.

```
# 언패킹 예제
a, b, c, d = my_tuple
print(a)
print(b)
print(c)
print(d)
```

```
1
2
3
hello
```

[코드 설명]
- 튜플 생성:
  - my_tuple = 1, 2, 3, "hello"는 여러 개의 값을 하나의 튜플로 묶습니다. 이 경우 괄호 없이도 튜플을 생성할 수 있습니다.
  - 생성된 튜플은 (1, 2, 3, "hello")입니다.

- 튜플 언패킹:
  - a, b, c, d = my_tuple은 my_tuple의 각 요소를 변수 a, b, c, d에 각각 할당합니다.
  - my_tuple은 (1, 2, 3, "hello")이므로, a는 1, b는 2, c는 3, d는 "hello"가 됩니다.

6) 확장된 언패킹

파이썬에서는 * 연산자를 사용하여 시퀀스의 일부를 쉽게 언패킹할 수 있습니다. 이는 언패킹할 변수의 수가 시퀀스의 길이와 정확히 일치하지 않을 때 유용합니다.

```python
# 확장된 언패킹 예제
numbers = (1, 2, 3, 4, 5, 6)
first, *middle, last = numbers
print(first)
print(middle)
print(last)
```

```
1
[2, 3, 4, 5]
6
```

[코드 설명]
확장된 언패킹:
- numbers = (1, 2, 3, 4, 5, 6)은 여러 개의 값을 가지는 튜플 numbers를 생성합니다.
- first, *middle, last = numbers는 확장된 언패킹을 사용하여 튜플 numbers의 요소를 개별 변수 first, 리스트 middle, 개별 변수 last에 할당합니다.
- 여기서 first는 첫 번째 요소, last는 마지막 요소, middle은 나머지 요소들을 포함하는 리스트입니다.

7) 튜플과 유용성

튜플은 변경할 수 없어 고정된 값을 저장할 때 유용하며, 딕셔너리의 키처럼 사용할 수도 있습니다. 또한, 함수에서 여러 값을 반환할 때 튜플을 사용하는 것이 일반적입니다.

```python
# 함수에서 여러 값을 반환하기
def min_max(numbers):
    return min(numbers), max(numbers)
```

```
result = min_max([1, 2, 3, 4, 5])
print(result)
```

(1, 5)

[코드 설명]
- 함수 정의:
  - min_max(numbers) 함수는 입력된 리스트 numbers에서 최솟값과 최댓값을 반환합니다.
  - min(numbers)은 리스트에서 가장 작은 값을 반환하고, max(numbers)는 리스트에서 가장 큰 값을 반환합니다.
  - return min(numbers), max(numbers)는 튜플 형태로 최솟값과 최댓값을 반환합니다.

- 함수 호출:
  - result = min_max([1, 2, 3, 4, 5])는 리스트 [1, 2, 3, 4, 5]를 인자로 min_max 함수에 전달합니다.
  - 함수는 [1, 2, 3, 4, 5]에서 최솟값 1과 최댓값 5를 찾아서 (1, 5) 튜플로 반환합니다.
  - 반환된 튜플 (1, 5)는 변수 result에 저장됩니다.

튜플은 그 구조상의 특징 때문에 일부 상황에서 리스트보다 메모리 사용이 효율적이고, 처리 속도가 빠르다는 이점이 있습니다. 따라서, 데이터가 변경되지 않아야 하거나, 데이터의 무결성이 중요한 경우에 튜플 사용을 고려해 볼 수 있습니다.

10. 딕셔너리 자료형

딕셔너리 자료형은 파이썬에서 매우 중요하고 유용한 데이터 구조 중 하나로, 키(Key)와 값(Value)의 쌍으로 이루어진 컬렉션입니다. 딕셔너리는 수정 가능하며, 순서를 보장하지 않습니다. 이번에는 딕셔너리의 기본적인 사용법과 딕셔너리를 다루는 데 사용되는 다양한 메서드 및 연산에 대해 자세히 알아보겠습니다.

1) 딕셔너리 생성 및 접근

딕셔너리는 중괄호 {}를 사용하여 생성하며, 각 요소는 키와 값을 콜론 : 으로 구분합니다. 딕셔너리의 값에 접근하기 위해서는 해당 키를 사용합니다.

```
# 딕셔너리 생성
person = {"name": "John", "age": 30, "city": "New York"}

# 값에 접근
print(person["name"])
print(person["age"])
```

```
John
30
```

[코드 설명]
- 딕셔너리 생성:
  - person = {"name": "John", "age": 30, "city": "New York"}은 세 개의 키-값 쌍을 포함하는 딕셔너리 person을 생성합니다.
  - 딕셔너리는 중괄호 {}로 묶여 있으며, 각 키-값 쌍은 콜론 :으로 구분됩니다. 예를 들어, "name": "John"에서 "name"은 키(key)이고 "John"은 값(value)입니다.
- 값에 접근:
  - print(person["name"])는 딕셔너리 person에서 "name" 키에 대응하는 값을 출력합니다. 결과는 John입니다.
  - print(person["age"])는 딕셔너리 person에서 "age" 키에 대응하는 값을 출력합니다. 결과는 30입니다.

2) 딕셔너리 수정 및 조작

딕셔너리는 동적으로 키와 값을 추가하거나, 기존의 값을 변경할 수 있습니다. 또한, 키-값 쌍을 삭제하는 것도 가능합니다.

```
# 요소 추가
person["job"] = "Engineer"
print(person)

# 요소 변경
person["city"] = "Boston"
print(person)

# 요소 제거
del person["age"]
print(person)
```

```
{'name': 'John', 'age': 30, 'city': 'New York', 'job': 'Engineer'}
{'name': 'John', 'age': 30, 'city': 'Boston', 'job': 'Engineer'}
{'name': 'John', 'city': 'Boston', 'job': 'Engineer'}
```

[코드 설명]
- 요소 추가:
  - person["job"] = "Engineer"는 딕셔너리 person에 새로운 키 "job"과 그에 대응하는 값 "Engineer"를 추가합니다.

- 요소 변경:
  - person["city"] = "Boston"은 딕셔너리 person의 "city" 키에 대응하는 값을 "Boston"으로 변경합니다.

- 요소 제거:
  - del person["age"]는 딕셔너리 person에서 "age" 키와 그에 대응하는 값을 제거합니다.

3) 딕셔너리 메서드

딕셔너리는 데이터를 처리할 때 유용한 다양한 내장 메서드를 제공합니다.

```python
# 모든 키 가져오기
keys = person.keys()
print(keys)

# 모든 값 가져오기
values = person.values()
print(values)

# 모든 쌍 가져오기
items = person.items()
print(items)
```

```
dict_keys(['name', 'city', 'job'])
dict_values(['John', 'Boston', 'Engineer'])
dict_items([('name', 'John'), ('city', 'Boston'), ('job', 'Engineer')])
```

[코드 설명]
- 모든 키 가져오기:
  - keys = person.keys()는 딕셔너리 person의 모든 키를 반환합니다.
  - 반환된 키들은 dict_keys 객체로, 이는 리스트와 유사한 형태로 출력됩니다.

- 모든 값 가져오기:
  - values = person.values()는 딕셔너리 person의 모든 값을 반환합니다.
  - 반환된 값들은 dict_values 객체로, 이는 리스트와 유사한 형태로 출력됩니다.

- 모든 키-값 쌍 가져오기:
  - items = person.items()는 딕셔너리 person의 모든 키-값 쌍을 반환합니다.
  - 반환된 키-값 쌍들은 dict_items 객체로, 각 키-값 쌍이 튜플 형태로 리스트와 유사한 형태로 출력됩니다.

4) 딕셔너리 컴프리헨션

딕셔너리 컴프리헨션은 리스트 컴프리헨션과 유사하게, 간결한 문법으로 새로운 딕셔너리를 생성하는 방법입니다.

```
# 제곱수를 키로 하고, 제곱근을 값으로 하는 딕셔너리 생성
squares = {x: x*x for x in range(6)}
print(squares)
```

```
{0: 0, 1: 1, 2: 4, 3: 9, 4: 16, 5: 25}
```

[코드 설명]
- 딕셔너리 컴프리헨션:
  - 딕셔너리 컴프리헨션은 리스트 컴프리헨션과 유사하게, 간결하고 효율적으로 딕셔너리를 생성할 수 있는 방법입니다.
  - {x: x*x for x in range(6)}는 x가 0부터 5까지 반복하면서, 각 x에 대해 x를 키로, x*x를 값으로 하는 딕셔너리를 만듭니다.

- 반복 범위:
  - range(6)는 0부터 5까지의 숫자를 생성합니다.

- 결과:
  - x가 0일 때: 0: 0*0 → 0: 0
  - x가 1일 때: 1: 1*1 → 1: 1
  - x가 2일 때: 2: 2*2 → 2: 4
  - x가 3일 때: 3: 3*3 → 3: 9
  - x가 4일 때: 4: 4*4 → 4: 16
  - x가 5일 때: 5: 5*5 → 5: 25

딕셔너리는 데이터를 효과적으로 저장하고 관리할 수 있는 구조로, API 응답, 데이터베이스 쿼리 결과 등 다양한 프로그래밍 시나리오에서 중요한 역할을 합니다. 이해하고 사용하기 쉬운 이 기능들을 통해 파이썬에서의 데이터 핸들링 능력을 크게 향상할 수 있습니다.

11. 집합 자료형

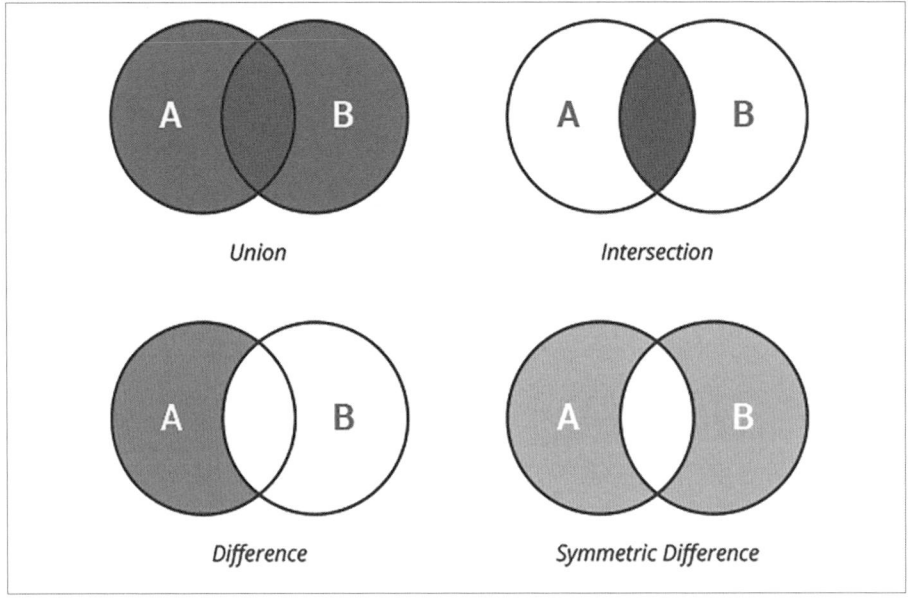

그림 1-23

집합(set) 자료형은 파이썬에서 중복을 허용하지 않고, 순서가 없는 요소들의 모음을 다룰 때 사용합니다. 집합은 수학적인 집합 연산인 교집합, 합집합, 차집합, 대칭 차집합 등을 제공하여 데이터를 효율적으로 처리할 수 있게 해줍니다. 이번에는 집합의 기본적인 사용법과 집합을 다루는 데 사용되는 연산 및 메서드에 대해 자세히 설명하겠습니다.

1) 집합 생성 및 접근

집합은 중괄호 {} 또는 set() 함수를 사용하여 생성할 수 있습니다. 중괄호를 사용할 때는 쉼표로 요소를 구분합니다. 순서가 없어 인덱스를 통한 접근은 지원하지 않습니다.

```
# 집합 생성
my_set = {1, 2, 3, 4, 5}
print(my_set)

# set() 함수를 사용한 생성
another_set = set([1, 2, 2, 3, 4])
print(another_set)
```

```
{1, 2, 3, 4, 5}
{1, 2, 3, 4}
```

[코드 설명]
- 직접 생성:
  - my_set = {1, 2, 3, 4, 5}는 중괄호 {}를 사용하여 직접 집합을 생성합니다.
  - 집합은 중복된 값을 허용하지 않으며, 순서가 없습니다.
  - print(my_set)는 {1, 2, 3, 4, 5}를 출력합니다. (출력 순서는 다를 수 있습니다)

- set() 함수를 사용한 생성:
  - another_set = set([1, 2, 2, 3, 4])는 리스트 [1, 2, 2, 3, 4]를 집합으로 변환합니다.
  - 집합은 중복된 값을 허용하지 않으므로, 리스트의 중복된 값 2는 하나만 유지됩니다.
  - print(another_set)는 {1, 2, 3, 4}를 출력합니다. (출력 순서는 다를 수 있습니다)

2) 집합 연산
집합은 다양한 수학적 연산을 지원하여 데이터 처리에 유용합니다.

```
# 교집합
set1 = {1, 2, 3, 4}
set2 = {3, 4, 5, 6}
print(set1 & set2)

# 합집합
print(set1 | set2)

# 차집합
print(set1 - set2)

# 대칭 차집합 (합집합에서 교집합을 제외한 요소)
print(set1 ^ set2)
```

```
{3, 4}
{1, 2, 3, 4, 5, 6}
{1, 2}
{1, 2, 5, 6}
```

[코드 설명]
- 교집합(& 연산자):
  - set1 & set2는 두 집합의 교집합을 반환합니다.
  - 교집합은 두 집합 모두에 공통으로 포함된 요소들입니다.

- 합집합(| 연산자):
  - set1 | set2는 두 집합의 합집합을 반환합니다.
  - 합집합은 두 집합 중 하나 이상에 포함된 모든 요소입니다.

- 차집합(- 연산자):
  - set1 - set2는 set1에서 set2를 뺀 차집합을 반환합니다.
  - 차집합은 첫 번째 집합에는 포함되지만 두 번째 집합에는 포함되지 않은 요소들 입니다.

- 대칭 차집합(^ 연산자):
  - set1 ^ set2는 두 집합의 대칭 차집합을 반환합니다.
  - 대칭 차집합은 합집합에서 교집합을 제외한 요소들입니다. 즉, 한 집합에만 포함 된 요소들입니다.

3) 집합 메서드

집합은 요소를 추가하거나 삭제하는 등의 동작을 위한 다양한 메서드를 제공합니다.

```python
# 요소 추가
my_set.add(6)
print(my_set)

# 요소 여러 개 추가
my_set.update([7, 8])
print(my_set)

# 요소 제거
my_set.remove(1)   # 요소가 집합에 없으면 KeyError 발생
print(my_set)

# 요소 제거 (요소가 없어도 오류 발생하지 않음)
my_set.discard(10)
print(my_set)

# 모든 요소 제거
my_set.clear()
print(my_set)
```

```
{1, 2, 3, 4, 5, 6}
{1, 2, 3, 4, 5, 6, 7, 8}
{2, 3, 4, 5, 6, 7, 8}
{2, 3, 4, 5, 6, 7, 8}
set()
```

[코드 설명]
- 요소 추가(add 메서드):
  - my_set.add(6)는 집합 my_set에 요소 6을 추가합니다.
  - add 메서드는 집합에 하나의 요소를 추가할 때 사용됩니다.

- 요소 여러 개 추가(update 메서드):
  - my_set.update([7, 8])는 집합 my_set에 요소 7과 8을 추가합니다.
  - update 메서드는 리스트나 다른 집합의 요소들을 한꺼번에 추가할 때 사용됩니다.

- 요소 제거(remove 메서드):
  - my_set.remove(1)는 집합 my_set에서 요소 1을 제거합니다.
  - remove 메서드는 지정한 요소가 집합에 없으면 KeyError를 발생시킵니다.

- 요소 제거(요소가 없어도 오류 발생하지 않음) (discard 메서드):
  - my_set.discard(10)는 집합 my_set에서 요소 10을 제거합니다.
  - discard 메서드는 지정한 요소가 집합에 없어도 오류를 발생시키지 않습니다.

- 모든 요소 제거(clear 메서드):
  - my_set.clear()는 집합 my_set의 모든 요소를 제거합니다.
  - clear 메서드는 집합을 비울 때 사용됩니다.

집합 자료형은 데이터의 중복을 제거하고, 데이터 간의 관계를 파악하기 위한 연산을 할 때 특히 유용합니다. 이러한 기능들을 활용하여 데이터를 더욱 효과적으로 관리하고 처리할 수 있습니다. 집합의 특징과 메서드를 잘 이해하고 사용하면 파이썬 프로그래밍에서 다양한 문제를 해결하는 데 큰 도움이 될 것입니다.

12. 함수

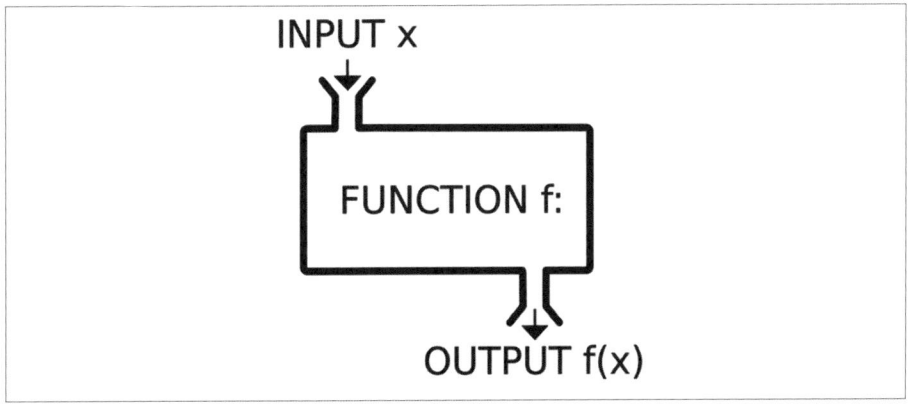

그림 1-24

함수는 파이썬에서 특정 작업을 수행하는 코드 블록을 하나의 단위로 묶은 것입니다. 함수를 사용하면 코드의 재사용성을 높이고, 프로그램의 구조를 개선하여 가독성과 유지 보수성을 향상할 수 있습니다. 함수는 입력(인자), 처리(함수 본체), 출력(반환값)의 세 부분으로 구성됩니다. 이번에는 함수의 정의 방법, 인자와 반환값의 사용 그리고 함수의 다양한 특징에 대해 자세히 설명하겠습니다.

1) 함수 정의 및 호출

함수를 정의하기 위해 def 키워드를 사용하고, 괄호 안에 인자를 정의한 후 콜론을 사용해 함수 본체를 시작합니다. 함수를 호출하려면 함수 이름과 괄호를 사용하고, 괄호 안에 필요한 인자를 전달합니다.

```python
# 함수 정의
def greet(name):
    return f"Hello, {name}!"

# 함수 호출
message = greet("Alice")
print(message)
```

```
Hello, Alice!
```

[코드 설명]
- 함수 정의:
  - def greet(name):는 name이라는 매개변수를 받아들여 인사 메시지를 생성하는 함수 greet를 정의합니다.
  - 함수의 본문에서는 f"Hello, {name}!"을 반환합니다. 이는 name의 값을 포함하는 포맷 문자열(f-string)입니다.
  - 예를 들어, name이 "Alice"일 경우, 반환되는 문자열은 "Hello, Alice!"입니다.

- 함수 호출:
  - message = greet("Alice")는 greet 함수를 "Alice"라는 인자로 호출합니다.
  - 함수 호출 결과는 message 변수에 저장됩니다.
  - print(message)는 message 변수를 출력합니다.

2) 인자와 매개변수

함수는 여러 인자를 받아 처리할 수 있으며, 이 인자들은 함수 호출 시 함수 내부로 전달됩니다. 파이썬에서는 위치 인자와 키워드 인자 두 가지 방식을 지원합니다.

```python
# 위치 인자와 키워드 인자 사용
def describe_pet(animal_type, pet_name):
```

```
            print(f"I have a {animal_type} and its name is {pet_name}.")

describe_pet("hamster", "Harry")  # 위치 인자 사용
describe_pet(pet_name="Willie", animal_type="dog")  # 키워드 인자 사용
```

```
I have a hamster and its name is Harry.
I have a dog and its name is Willie.
```

[코드 설명]
- 함수 정의:
  - def describe_pet(animal_type, pet_name):은 두 개의 매개변수 animal_type과 pet_name을 받는 함수 describe_pet을 정의합니다.
  - 함수 본문에서는 포맷 문자열을 사용하여 인자로 전달된 값들을 출력합니다.

- 함수 호출(위치 인자 사용):
  - describe_pet("hamster", "Harry")은 위치 인자를 사용하여 함수를 호출합니다.
  - 여기서 "hamster"는 animal_type 매개변수에 전달되고, "Harry"는 pet_name 매개변수에 전달됩니다.
  - 출력 결과는 I have a hamster and its name is Harry.입니다.

- 함수 호출(키워드 인자 사용):
  - describe_pet(pet_name="Willie", animal_type="dog")은 키워드 인자를 사용하여 함수를 호출합니다.
  - 각 매개변수에 명시적으로 값을 할당하여 순서와 상관없이 인자를 전달할 수 있습니다.
  - 여기서 pet_name에 "Willie"가, animal_type에 "dog"가 전달됩니다.
  - 출력 결과는 I have a dog and its name is Willie.입니다.

3) 기본값 매개변수

함수 매개변수에는 기본값을 지정할 수 있습니다. 호출 시 특정 매개변수에 대한 인자를 제공하지 않으면, 기본값이 사용됩니다.

```
# 기본값 매개변수 사용
def describe_pet(pet_name, animal_type="dog"):
    print(f"I have a {animal_type} and its name is {pet_name}.")

describe_pet("Willie")  # animal_type을 명시하지 않아 기본값 'dog' 사용
```

```
I have a dog and its name is Willie.
```

[코드 설명]
- 함수 정의:
  - def describe_pet(pet_name, animal_type="dog"):은 두 개의 매개변수 pet_name 과 animal_type을 받는 함수 describe_pet을 정의합니다.
  - 여기서 animal_type 매개변수는 기본값 "dog"를 가지며, pet_name 매개변수는 기본값이 없습니다.
  - 함수 본문에서는 포맷 문자열을 사용하여 인자로 전달된 값들을 출력합니다.
- 함수 호출:
  - describe_pet("Willie")은 pet_name 매개변수에 "Willie"를 전달하고, animal_type 매개변수는 생략합니다.
  - animal_type 매개변수는 생략되었으므로 기본값 "dog"가 사용됩니다.

4) 가변 인자

함수에서 인자의 개수가 변할 수 있을 때, *args와 **kwargs를 사용할 수 있습니다. *args는 위치 인자들을 튜플로, **kwargs는 키워드 인자들을 딕셔너리로 받습니다.

```python
# 가변 인자 사용
def make_pizza(*toppings):
    print("Making a pizza with the following toppings:")
    for topping in toppings:
        print(f"- {topping}")

make_pizza('pepperoni')
make_pizza('mushrooms', 'green peppers', 'extra cheese')
```

```
Making a pizza with the following toppings:
- pepperoni
Making a pizza with the following toppings:
- mushrooms
- green peppers
- extra cheese
```

[코드 설명]
- 함수 정의:
  - def make_pizza(*toppings):는 가변 인자 *toppings을 사용하는 함수 make_pizza를 정의합니다.
  - *toppings는 인자의 개수를 정해두지 않고, 여러 개의 인자를 하나의 튜플로 받아옵니다.

- 함수 본문:
  - print("Making a pizza with the following toppings:")는 피자를 만들기 시작할 때 출력됩니다.
  - for topping in toppings:은 가변 인자로 받은 모든 토핑을 순회합니다.
  - print(f"- {topping}")는 각 토핑을 출력합니다.

- 함수 호출:
  - make_pizza('pepperoni')는 toppings에 'pepperoni' 하나만 전달합니다.
  - make_pizza('mushrooms', 'green peppers', 'extra cheese')는 toppings에 'mushrooms', 'green peppers', 'extra cheese' 세 개의 인자를 전달합니다.

5) 반환 값

함수는 return 키워드를 사용하여 값을 반환할 수 있습니다. 함수가 실행을 마치면 return에 지정된 값이 호출자에게 반환됩니다.

```python
# 값을 반환하는 함수
def get_full_name(first_name, last_name):
    return f"{first_name} {last_name}"

full_name = get_full_name("John", "Doe")
print(full_name)
```

```
John Doe
```

[코드 설명]
- 함수 정의:
  - def get_full_name(first_name, last_name):은 first_name과 last_name 두 개의 매개변수를 받는 함수 get_full_name을 정의합니다.

- 함수 본문에서 return f"{first_name} {last_name}"은 첫 번째 이름과 성을 결합한 문자열을 반환합니다. 여기서 f"{first_name} {last_name}"은 포맷 문자열(f-string)로, first_name과 last_name의 값을 포함하는 문자열을 생성합니다.

- 함수 호출:
  - full_name = get_full_name("John", "Doe")은 get_full_name 함수를 first_name에 "John", last_name에 "Doe"를 인자로 전달하여 호출합니다.
  - 함수는 "John Doe" 문자열을 반환하고, 이 값이 full_name 변수에 저장됩니다.

- 결과 출력:
  - print(full_name)는 full_name 변수를 출력합니다.

6) 람다

람다(lambda) 표현식은 간단한 함수를 한 줄로 작성할 수 있게 해주는 파이썬의 유용한 기능입니다. 일반적으로 람다 함수는 이름 없이 정의되며, lambda 키워드를 사용하여 생성됩니다. 람다 함수는 작은 익명 함수로, 간단한 연산이나 함수의 인자로 사용되는 경우가 많습니다. 이번에는 람다 함수의 기본 구조와 사용 예를 자세히 살펴보겠습니다.

(1) 람다 함수의 기본 구조

람다 함수는 다음과 같은 형태를 가집니다: lambda arguments: expression. 이 구조에서 arguments는 입력으로 받는 인자를 나타내고, expression은 인자를 사용하는 표현식입니다. 람다 표현식은 표현식을 계산한 결과를 자동으로 반환합니다.

```
# 간단한 람다 함수 예제
double = lambda x: x * 2
print(double(5))
```

10

[코드 설명]
- 람다 함수 정의:
  - double = lambda x: x * 2는 람다 함수를 정의하여 변수 double에 할당합니다.

- lambda x: x * 2는 인자 x를 받아서 x에 2를 곱한 결과를 반환하는 익명 함수입니다.
- 람다 함수는 lambda 키워드를 사용하여 정의되며, : 앞에는 매개변수 목록이, : 뒤에는 반환되는 표현식이 위치합니다.

- 람다 함수 호출:
  - double(5)은 x에 5를 전달하여 5 * 2의 결과를 반환합니다.
  - 결과는 10입니다.

(2) 람다의 활용

람다 함수는 주로 정렬, 데이터 필터링, 작은 함수의 인자 등의 용도로 사용됩니다. 리스트나 딕셔너리 같은 시퀀스의 요소를 처리할 때 map(), filter(), sorted() 등과 함께 종종 사용됩니다.

```python
# 리스트의 각 요소에 함수 적용
nums = [1, 2, 3, 4, 5]
squared = list(map(lambda x: x ** 2, nums))
print(squared)

# 특정 조건을 만족하는 요소 필터링
filtered = list(filter(lambda x: x > 3, nums))
print(filtered)

# 딕셔너리 정렬
dicts = [{'name': 'John', 'age': 45}, {'name': 'Diane', 'age': 35}]
sorted_dicts = sorted(dicts, key=lambda x: x['age'])
print(sorted_dicts)
```

```
[1, 4, 9, 16, 25]
[4, 5]
[{'name': 'Diane', 'age': 35}, {'name': 'John', 'age': 45}]
```

[코드 설명]
map, filter, sorted
- map 함수는 리스트의 각 요소에 함수를 적용하여 새로운 리스트를 생성합니다.
- filter 함수는 특정 조건을 만족하는 요소들로 구성된 새로운 리스트를 반환합니다.
- sorted 함수는 주어진 키를 기준으로 리스트를 정렬합니다.

(3) 람다 함수의 한계

람다 함수는 오직 하나의 표현식만을 포함할 수 있으며, 복잡한 로직에는 적합하지 않습니다. 또한, 람다 표현식은 때때로 코드의 가독성을 떨어뜨릴 수 있으므로, 사용할 때는 코드의 명료성을 고려해야 합니다.

람다 함수는 간단하고 한정적인 기능을 수행하는 작은 함수를 빠르게 구현할 때 유용하며, 특히 다른 함수의 인자로서 익명 함수가 필요할 때 매우 효과적입니다. 이런 특징을 잘 이해하고 사용하면, 파이썬 프로그래밍에서 더욱 다양한 문제를 효율적으로 해결할 수 있습니다.

함수를 이용하면 프로그램을 논리적으로 구분하고, 반복되는 코드를 줄이며, 복잡한 작업을 간단하게 처리할 수 있습니다. 또한, 함수를 사용하면 코드의 디버깅이 용이하고 다른 프로젝트에 재사용할 수 있어 효율적입니다.

13. 조건문 if 문

조건문은 프로그래밍에서 데이터나 상황에 따라 다른 동작을 수행하도록 하는 기능입니다. 파이썬에서는 if 문을 사용하여 조건을 테스트하고, 해당 조건에 따라 다른 코드를 실행합니다. 이번에는 if 문의 기본 구조, 사용 방법 그리고 다양한 변형에 대해 자세히 알아보겠습니다.

1) 기본 if 문
if 문은 조건을 평가하고, 그 결과가 True일 경우에만 정의된 코드 블록을 실행합니다.

```
# 기본 if 문 사용
age = 20
if age >= 18:
    print("성인입니다.")
```

성인입니다.

[코드 설명]
- 변수 할당:
  - age = 20은 변수 age에 값 20을 할당합니다.

- if 문:
  - if age >= 18:은 age가 18 이상인지 확인합니다.
  - 조건이 참(True)인 경우, 다음 줄에 있는 코드 블록을 실행합니다.

- 조건 만족 시 출력:
  - print("성인입니다.")는 age가 18 이상일 때 "성인입니다."라는 메시지를 출력합니다.

2) if-else 문

if 문에 else를 추가하면 조건이 참(True)이 아닐 때 실행할 코드를 지정할 수 있습니다. 이는 두 가지 선택 사이의 간단한 분기를 만들 때 유용합니다.

```
# if-else 문 사용
age = 16
if age >= 18:
    print("성인입니다.")
else:
    print("미성년자입니다.")
```

미성년자입니다.

[코드 설명]
- 변수 할당:
  - age = 16은 변수 age에 값 16을 할당합니다.

- if-else 문:
  - if age >= 18:은 age가 18 이상인지 확인합니다.
  - 조건이 참(True)인 경우, 다음 줄에 있는 코드 블록을 실행하여 "성인입니다."를 출력합니다.
  - 조건이 거짓(False)인 경우, else: 블록을 실행하여 "미성년자입니다."를 출력합니다.

3) if-elif-else 체인

복수의 조건을 체크하고자 할 때는 elif(else if의 줄임말)를 사용합니다. 이는 여러 조건을 순차적으로 평가하고, 맞는 조건의 코드 블록을 실행합니다.

```
# if-elif-else 문 사용
age = 65
if age >= 18 and age < 60:
    print("성인입니다.")
elif age >= 60:
    print("노인입니다.")
else:
    print("미성년자입니다.")
```

노인입니다.

[코드 설명]
- 변수 할당:
  - age = 65는 변수 age에 값 65를 할당합니다.

- if-elif-else 문:
  - if age >= 18 and age < 60:은 age가 18 이상이고 60 미만인지 확인합니다.
    - 조건이 참(True)인 경우, 다음 줄에 있는 코드 블록을 실행하여 "성인입니다."를 출력합니다.
  - elif age >= 60:은 age가 60 이상인지 확인합니다.
    - 조건이 참(True)인 경우, 다음 줄에 있는 코드 블록을 실행하여 "노인입니다."를 출력합니다.
  - else: 블록은 위의 모든 조건이 거짓(False)일 때 실행되어 "미성년자입니다."를 출력합니다.

4) 중첩 if 문

if 문 내부에 다른 if 문을 사용하여 조건들을 더 세분화할 수 있습니다. 이를 중첩 IF 문이라고 하며, 복잡한 조건 로직을 구현할 때 사용됩니다.

```
# 중첩 if 문 사용
```

```
age = 25
if age >= 18:
    if age >= 21:
        print("미국에서도 술을 구매할 수 있습니다.")
    else:
        print("한국에서는 술을 구매할 수 있지만, 미국에서는 아닙니다.")
else:
    print("술을 구매할 수 없습니다.")
```

미국에서도 술을 구매할 수 있습니다.

[코드 설명]
- 변수 할당:
  - age = 25는 변수 age에 값 25를 할당합니다.

- 첫 번째 if 문:
  - if age >= 18:은 age가 18 이상인지 확인합니다.
    - 조건이 참(True)인 경우, 다음 줄에 있는 코드 블록을 실행합니다.

- 두 번째 if-else 문(중첩):
  - if age >= 21:은 age가 21 이상인지 확인합니다.
    - 조건이 참(True)인 경우, "미국에서도 술을 구매할 수 있습니다."를 출력합니다.
    - 조건이 거짓(False)인 경우, "한국에서는 술을 구매할 수 있지만, 미국에서는 아닙니다."를 출력합니다.

- 첫 번째 if 문의 else 블록:
  - 첫 번째 if 문의 조건이 거짓(False)인 경우, "술을 구매할 수 없습니다."를 출력합니다.

5) 조건식 간소화

파이썬에서는 간단한 조건문을 한 줄로 작성할 수도 있습니다. 이는 표현식이 간단할 때 코드를 더욱 간결하게 만들어 줍니다.

```
# 한 줄 if 문 사용
status = "성인" if age >= 18 else "미성년자"
```

```
print(status)
```

성인

[코드 설명]
변수 할당:
- status = "성인" if age >= 18 else "미성년자"는 삼항 연산자를 사용하여 조건 age >= 18이 참(True)인 경우 status에 "성인"을, 거짓(False)인 경우 "미성년자"를 할당합니다.

if 문은 프로그램의 흐름을 제어하는 데 필수적인 요소이며, 사용자 입력, 데이터값 등의 조건에 따라 다르게 반응하는 동적인 애플리케이션을 만드는 데 크게 기여합니다. 이러한 조건문을 잘 활용하면 더 효과적이고 효율적인 프로그램을 작성할 수 있습니다.

14. 반복문 while 문

while 문은 파이썬에서 조건이 참인 동안 코드 블록을 반복적으로 실행하는 구조를 제공합니다. 이 반복문은 주어진 조건이 거짓이 될 때까지 코드 블록을 계속 실행하며, 조건은 각각 반복의 시작 부분에서 평가됩니다. 이번에는 while 문의 기본 사용법, 유용한 패턴 그리고 주의할 점에 대해 자세히 설명하겠습니다.

1) 기본 while 문 구조

while 문은 while 키워드 다음에 조건식을 쓰고, 그다음 줄에 들여쓰기한 후 실행할 코드 블록을 작성합니다. 아래 코드는 count가 5보다 작은 동안 계속 실행되며, count는 반복마다 1씩 증가합니다.

```
# 기본 while 문 사용
count = 0
while count < 5:
    print("현재 카운트:", count)
    count += 1
```

```
현재 카운트: 0
현재 카운트: 1
현재 카운트: 2
현재 카운트: 3
현재 카운트: 4
```

[코드 설명]
- 변수 초기화:
  - count = 0은 변수 count에 0을 할당하여 초기화합니다.

- while 문:
  - while count < 5:은 count가 5보다 작을 동안 반복 작업을 수행합니다.
  - 조건이 참(True)인 동안 반복문 내부의 코드 블록이 실행됩니다.

- 반복 작업:
  - print("현재 카운트:", count)는 현재 count의 값을 출력합니다.
  - count += 1은 count의 값을 1 증가시킵니다.
  - 조건이 거짓(False)이 될 때까지 이 작업을 반복합니다.

2) break와 continue 사용하기

while 문 내에서 break를 사용하여 반복문을 즉시 종료할 수 있고, continue를 사용하여 현재 반복을 건너뛰고 다음 반복으로 넘어갈 수 있습니다. break는 무한 루프에서 조건을 만족할 때 반복문을 종료하는 데 자주 사용됩니다. continue는 특정 조건에서 남은 반복문 코드를 건너뛰고 다음 반복으로 진행할 때 사용됩니다.

```
# break 사용
n = 0
while True:
    if n == 3:
        break
    print(n)
    n += 1

# continue 사용
n = 0
while n < 5:
    n += 1
    if n == 3:
        continue
    print(n)
```

```
0
1
2
1
2
4
5
```

[코드 설명]
break
- 무한 루프:
  - while True:은 무한 루프를 생성합니다. 조건이 항상 참(True)입니다.

- 조건 확인 및 break:
  - if n == 3:에서 n이 3인 경우 break 문을 실행하여 반복문을 종료합니다.

- 현재 값 출력:
  - print(n)은 n의 현재 값을 출력합니다.

- 값 증가:
  - n += 1은 n의 값을 1 증가시킵니다.

continue
- 반복 조건:
  - while n < 5:은 n이 5보다 작을 동안 반복문을 실행합니다.

- 값 증가:
  - n += 1은 n의 값을 1 증가시킵니다.

- 조건 확인 및 continue:
  - if n == 3:에서 n이 3인 경우 continue 문을 실행하여 현재 반복을 건너뛰고 다음 반복으로 넘어갑니다.
  - continue 문이 실행되면 이후의 코드(print(n))는 실행되지 않고 반복문의 조건 확인으로 돌아갑니다.

- 현재 값 출력:
  - print(n)는 n의 현재 값을 출력합니다.

3) while-else 구조

파이썬의 while 문은 else 절을 포함할 수 있으며, 이는 while 루프가 break에 의해 종료되지 않고 정상적으로 종료되었을 때 실행됩니다.

```
# while-else 사용
count = 0
while count < 3:
    print("루프 내부:", count)
    count += 1
else:
    print("루프 정상 종료")
```

```
루프 내부: 0
루프 내부: 1
루프 내부: 2
루프 정상 종료
```

[코드 설명]
- 변수 초기화:
  - count = 0은 변수 count에 0을 할당하여 초기화합니다.

- while 문:
  - while count < 3:은 count가 3보다 작을 동안 반복 작업을 수행합니다.
  - 조건이 참(True)인 동안 반복문 내부의 코드 블록이 실행됩니다.

- 반복 작업:
  - print("루프 내부:", count)는 현재 count의 값을 출력합니다.
  - count += 1은 count의 값을 1 증가시킵니다.
  - 조건이 거짓(False)이면 반복문이 종료됩니다.

- else 블록:
  - else 블록은 while 문이 정상적으로 종료된 후에 실행됩니다.
  - print("루프 정상 종료")는 반복문이 정상 종료되었음을 출력합니다.

4) 무한 루프

조건이 항상 참인 while 문은 무한 루프를 생성합니다. 이를 의도적으로 사용하여 반복적인 서비스나 작업을 계속 실행할 수 있습니다. 반드시 종료 조건을 명확히 설정해야 합니다.

```
# 무한 루프 예제
while True:
    response = input("명령을 입력하세요 (종료하려면 'exit' 입력): ")
    if response == 'exit':
        break
    print("명령 수행:", response)
```

```
명령을 입력하세요 (종료하려면 'exit' 입력): 1
명령 수행: 1
명령을 입력하세요 (종료하려면 'exit' 입력): 2
명령 수행: 2
명령을 입력하세요 (종료하려면 'exit' 입력): 3
명령 수행: 3
명령을 입력하세요 (종료하려면 'exit' 입력): exit
```

[코드 설명]
- 무한 루프:
  - while True:은 항상 참(True)인 조건을 사용하여 무한 루프를 생성합니다. 이 루프는 break 문이 실행되기 전까지 계속 반복됩니다.

- 사용자 입력 받기:
  - response = input("명령을 입력하세요 (종료하려면 'exit' 입력): ")는 사용자의 입력을 받아 변수 response에 저장합니다.
  - input 함수는 사용자가 입력할 때까지 프로그램의 실행을 일시 중지합니다.

- 조건 확인 및 break:
  - if response == 'exit':은 사용자가 'exit'를 입력했는지 확인합니다.
  - 조건이 참(True)인 경우, break 문을 실행하여 무한 루프를 종료합니다.

- 명령 수행 출력:
  - print("명령 수행:", response)는 입력된 명령을 출력합니다.

while 문은 특히 조건에 따라 반복 횟수가 변할 수 있는 경우나 반복을 조기에 종료해야 할 때 유용합니다. 코드의 흐름을 제어하고 반복적인 작업을 효과적으로 처리하는 데 큰 역할을 합니다.

15. 반복문 for 문

for 문은 파이썬에서 반복적인 작업을 처리할 때 자주 사용되는 구문입니다. 이 반복문은 주로 시퀀스(리스트, 튜플, 딕셔너리, 문자열 등) 또는 반복 가능한 다른 객체(이터레이터, 제너레이터 등)를 통해 각 항목에 대하여 블록 내의 코드를 실행합니다. for 문은 구조가 명확하고 사용하기 쉬워서 데이터 처리와 반복 작업에 매우 유용합니다. 이번에는 for 문의 기본 사용법, 다양한 시퀀스와 함께 사용하는 방법 그리고 유용한 패턴들을 자세히 살펴보겠습니다.

1) 기본 for 문 구조

for 문은 for 키워드 다음에 변수 이름을 지정하고, in 키워드를 사용하여 반복할 시퀀스나 컬렉션을 지정합니다. 그다음 줄에 들여쓰기를 하여 반복할 때 실행할 코드 블록을 작성합니다.

```python
# 리스트를 사용한 기본 for 문
fruits = ["apple", "banana", "cherry"]
for fruit in fruits:
    print(fruit)
```

```
apple
banana
cherry
```

[코드 설명]
- 리스트 초기화:
  - fruits = ["apple", "banana", "cherry"]는 세 개의 문자열 요소를 포함하는 리스트 fruits를 생성합니다.

- for 문:
  - for fruit in fruits:은 리스트 fruits의 각 요소를 fruit 변수에 할당하면서 반복합니다.
  - 반복문이 실행되는 동안, 리스트 fruits의 각 요소가 순서대로 fruit 변수에 할당됩니다.

- 요소 출력:
  - print(fruit)는 현재 반복에서 fruit 변수에 할당된 값을 출력합니다.

2) 다양한 시퀀스와의 사용

for 문은 다양한 시퀀스와 함께 사용할 수 있습니다. 리스트, 튜플, 문자열 등을 통해 각 요소를 순차적으로 처리할 수 있습니다.

```
# 문자열을 사용한 for 문
for char in "Hello":
    print(char)

# 튜플을 사용한 for 문
for number in (1, 2, 3):
    print(number)

# 딕셔너리를 사용한 for 문
info = {"name": "John", "age": 30}
for key in info:
    print(key, info[key])
```

```
H
e
l
l
o
1
```

```
2
3
name John
age 30
```

[코드 설명]
- 문자열: 문자열의 각 문자를 반복하여 처리할 수 있습니다.
- 튜플: 튜플의 각 요소를 반복하여 처리할 수 있습니다.
- 딕셔너리: 딕셔너리의 각 키와 값을 반복하여 처리할 수 있습니다. keys(), values(), items() 메서드를 사용하여 키-값, 또는 키-값 쌍을 반복할 수 있습니다.

3) 반복문 제어: break와 continue

for 문 내에서 break를 사용하여 반복문을 즉시 종료할 수 있고, continue를 사용하여 현재 반복을 건너뛰고 다음 반복으로 넘어갈 수 있습니다.

```python
# break 사용 예
for number in range(10):
    if number == 5:
        break
    print(number)

# continue 사용 예
for number in range(10):
    if number % 2 == 0:
        continue
    print(number)
```

```
0
1
2
3
4
1
3
5
7
9
```

[코드 설명]
break
- 반복 조건:
  - for number in range(10):는 0부터 9까지의 숫자를 number 변수에 순서대로 할당하며 반복합니다.

- 조건 확인 및 break:
  - if number == 5:에서 number가 5인 경우 break 문을 실행하여 반복문을 종료합니다.

- 숫자 출력:
  - print(number)는 number의 현재 값을 출력합니다.
  - number가 5가 되기 전까지의 값이 출력됩니다.

continue
- 반복 조건:
  - for number in range(10):는 0부터 9까지의 숫자를 number 변수에 순서대로 할당하며 반복합니다.

- 조건 확인 및 continue:
  - if number % 2 == 0:에서 number가 짝수인 경우 continue 문을 실행하여 현재 반복을 건너뛰고 다음 반복으로 넘어갑니다.

- 숫자 출력:
  - print(number)는 number의 현재 값을 출력합니다.
  - number가 짝수가 아닌 경우에만 출력됩니다.

4) for-else 구조

파이썬의 for 문은 else 절을 포함할 수 있으며, 이는 for 루프가 break에 의해 종료되지 않고 모든 항목을 순회했을 때 실행됩니다.

```
# for-else 사용 예
for number in range(5):
    print(number)
else:
    print("루프가 완료되었습니다.")
```

```
0
1
2
3
4
루프가 완료되었습니다.
```

[코드 설명]
- for 문:
  - for number in range(5):은 0부터 4까지의 숫자를 number 변수에 순서대로 할당하며 반복합니다.
  - range(5)는 0부터 4까지의 정수를 생성합니다.
- 숫자 출력:
  - print(number)는 현재 반복에서 number 변수에 할당된 값을 출력합니다.
- else 블록:
  - else 블록은 for 문이 정상적으로 완료된 후에 실행됩니다.
  - print("루프가 완료되었습니다.")는 반복문이 정상 종료되었음을 출력합니다.

5) range를 활용한 for 문

range() 함수는 파이썬에서 숫자 시퀀스를 생성하는 데 사용되며, 주로 for 문과 함께 반복을 위한 인덱스를 제공하는 데 사용됩니다. 이 함수는 유연성이 높아서 시작값, 종료값, 스텝(증가량)을 지정할 수 있으며, 생성된 시퀀스는 메모리를 효율적으로 사용하기 위해 필요할 때마다 숫자를 생성합니다. 이번에는 range() 함수의 기본 사용법과 다양한 응용 방법에 대해 자세히 살펴보겠습니다.

(1) 기본 사용법

range() 함수는 세 가지 형태로 사용할 수 있습니다.

```
# range(stop)
for i in range(5):
    print(i)
```

```
# range(start, stop)
for i in range(3, 8):
    print(i)

# range(start, stop, step)
for i in range(1, 10, 2):
    print(i)
```

```
0
1
2
3
4
3
4
5
6
7
1
3
5
7
9
```

[코드 설명]
- range(stop): 0부터 stop 미만의 숫자를 생성합니다.
- range(start, stop): start부터 stop 미만의 숫자를 생성합니다.
- range(start, stop, step): start부터 stop 미만의 숫자를 step 간격으로 증가시키며 생성합니다.

(2) range() 응용

range() 함수는 반복 작업 외에도 여러 가지 방법으로 활용할 수 있습니다. 예를 들어, 리스트나 다른 시퀀스의 인덱스로 사용하거나 특정 간격의 숫자 리스트를 만드는 데 사용할 수 있습니다.

```
# 리스트 인덱스로 사용
letters = ['a', 'b', 'c', 'd', 'e']
```

```
for i in range(len(letters)):
    print(letters[i])

# 일정 간격의 숫자 리스트 생성
even_numbers = [x for x in range(0, 11, 2)]
print(even_numbers)
```

```
a
b
c
d
e
[0, 2, 4, 6, 8, 10]
```

[코드 설명]
리스트 인덱스로 사용
- 리스트 초기화:
  - letters = ['a', 'b', 'c', 'd', 'e']는 다섯 개의 문자열 요소를 포함하는 리스트 letters를 생성합니다.

- for 문:
  - for i in range(len(letters)):는 리스트 letters의 길이(len(letters))만큼 반복합니다. 즉, 0부터 4까지의 인덱스를 생성합니다.
  - print(letters[i])는 리스트 letters의 각 인덱스에 해당하는 요소를 출력합니다.

일정 간격의 숫자 리스트 생성
- 리스트 컴프리헨션:
  - [x for x in range(0, 11, 2)]는 range(0, 11, 2)를 통해 생성된 숫자 시퀀스를 리스트로 변환합니다.
  - range(0, 11, 2)는 0부터 10까지 2씩 증가하는 숫자(0, 2, 4, 6, 8, 10)를 생성합니다.

- 리스트 출력:
  - print(even_numbers)는 생성된 짝수 숫자 리스트를 출력합니다.

(3) 역순으로 반복

range()를 사용하여 숫자를 역순으로 반복하는 것도 가능합니다. 이는 step에 음수 값을 주면 됩니다.

```
# 역순 반복
for i in range(10, 0, -1):
    print(i)
```

```
10
9
8
7
6
5
4
3
2
1
```

[코드 설명]
- range 함수:
  - range(10, 0, -1)은 10부터 시작하여 0보다 크고 -1씩 감소하는 숫자 시퀀스를 생성합니다.
  - 여기서 start는 10, stop은 0, step은 -1입니다.

- for 문:
  - for i in range(10, 0, -1):는 생성된 숫자 시퀀스를 반복하며 각 숫자를 i에 할당합니다.

- 숫자 출력:
  - print(i)는 현재 반복에서 i 변수에 할당된 값을 출력합니다.

6) 리스트 컴프리헨션

리스트 컴프리헨션은 for 문을 사용하여 리스트를 생성하는 간결한 방법입니다. 이 방법을 통해 간단한 for 문을 한 줄로 표현할 수 있습니다.

```
# 리스트 컴프리헨션 사용 예
squares = [x**2 for x in range(10)]
print(squares)
```

```
[0, 1, 4, 9, 16, 25, 36, 49, 64, 81]
```

[코드 설명]
- 리스트 컴프리헨션:
  - [x**2 for x in range(10)]는 리스트 컴프리헨션을 사용하여 제곱수를 생성하는 표현식입니다.
  - x**2는 x를 제곱한 값을 의미합니다.
  - for x in range(10)는 0부터 9까지의 숫자를 순서대로 x에 할당합니다.

- 리스트 생성:
  - x의 각 값에 대해 x**2을 계산하고, 그 결과를 리스트로 모읍니다.
  - 최종적으로 [0, 1, 4, 9, 16, 25, 36, 49, 64, 81] 리스트가 생성됩니다.

for 문은 데이터의 집합을 반복하고 각 항목에 대해 동작을 수행하는 데 있어서 매우 유용한 도구입니다. 코드의 가독성을 높이고, 복잡한 로직을 간소화할 수 있으며, 다양한 데이터 처리 작업을 간편하게 처리할 수 있도록 도와줍니다.

16. 예외 처리

예외 처리는 프로그램이 실행 중에 발생할 수 있는 오류나 예상치 못한 상황을 안전하게 관리하고 대응하기 위한 방법입니다. 파이썬에서는 try, except, else, finally 키워드를 사용하여 예외를 처리합니다. 이 구조를 사용하면 프로그램의 예외적인 상황을 효과적으로 처리할 수 있으며, 프로그램이 예외 상황에서도 중단되지 않고 계속 실행될 수 있도록 도와줍니다. 이번에는 각 구성 요소의 역할과 예외 처리의 기본 사용법에 대해 자세히 설명하겠습니다.

1) 예외 처리 구조

(1) try 블록
try 블록 안에는 예외가 발생할 가능성이 있는 코드를 넣습니다. 예외가 발생하면 try 블록의 나머지 부분은 실행되지 않고 즉시 except 블록으로 제어가 이동합니다.

(2) except 블록
except 블록은 try 블록에서 예외가 발생했을 때 실행됩니다. 여러 종류의 예외를 다르게 처리하려면 여러 except 블록을 사용할 수 있습니다.

(3) else 블록

else 블록은 try 블록에서 예외가 발생하지 않았을 때 실행됩니다. 이 블록은 선택적으로 사용할 수 있습니다.

(4) finally 블록

finally 블록은 예외 발생 여부와 관계없이 항상 실행됩니다. 자원을 해제하거나 정리 작업을 수행하는 코드를 주로 넣습니다.

```
try:
    number = int(input("정수를 입력하세요: "))
    division = 10 / number
except ValueError:
    print("정수가 아닙니다. 다시 입력해 주세요.")
except ZeroDivisionError:
    print("0으로 나눌 수 없습니다.")
else:
    print("결과는", division)
finally:
    print("프로그램 실행이 완료되었습니다.")
```

```
정수를 입력하세요: 5
결과는 2.0
프로그램 실행이 완료되었습니다.
```

[코드 설명]
- try 블록:
  - try 블록 안의 코드는 예외가 발생할 가능성이 있는 코드를 포함합니다.
  - number = int(input("정수를 입력하세요: ")): 사용자가 입력한 값을 정수로 변환합니다. 만약 사용자가 정수가 아닌 값을 입력하면 ValueError가 발생합니다.
  - division = 10 / number: 입력된 정수로 10을 나눕니다. 만약 입력된 정수가 0이면 ZeroDivisionError가 발생합니다.

- except 블록:
  - except ValueError:: ValueError가 발생하면 이 블록이 실행됩니다. 정수가 아닌 값을 입력했을 때 해당 메시지를 출력합니다.
  - except ZeroDivisionError:: ZeroDivisionError가 발생하면 이 블록이 실행됩니다. 0으로 나눌 때 해당 메시지를 출력합니다.

- else 블록:
  - else 블록은 try 블록에서 예외가 발생하지 않은 경우에 실행됩니다.
  - print("결과는", division): 나눗셈 결과를 출력합니다.

- finally 블록:
  - finally 블록은 예외 발생 여부와 상관없이 항상 실행됩니다.
  - print("프로그램 실행이 완료되었습니다."): 프로그램 실행 완료 메시지를 출력합니다.

2) 여러 예외 동시 처리

여러 예외 타입을 하나의 except 블록에서 처리하려면 예외를 괄호로 묶어 처리할 수 있습니다.

```
try:
    # 코드
except (RuntimeError, TypeError, NameError):
    # 여러 예외 처리
```

3) 예외 객체 사용

except 절에서 예외 객체를 변수로 받아 이 객체의 내용(오류 메시지 등)을 활용할 수 있습니다.

```
try:
    # 코드
except Exception as e:
    print("오류 발생:", e)
```

예외 처리는 프로그램의 안정성을 높이고, 사용자에게 친절한 피드백을 제공하며, 예상치 못한 상황에서의 데이터 손실을 방지하는 중요한 기법입니다. 적절하게 예외 처리를 구현하는 것은 모든 소프트웨어 개발에서 필수적인 요소입니다.

17. 라이브러리

라이브러리는 특정 기능을 수행하기 위해 미리 작성된 코드의 집합으로, 파이썬에서는 이를 모듈 또는 패키지 형태로 제공합니다. 라이브러리를 사용하면 개발자는 복잡하거나 반복적인 작업을 쉽게 처리할 수 있고, 코드의 재사용성을 높이며, 개발 시간을 절약할 수 있습니다. 파이썬은 다양한 용도의 표준 라이브러리를 제공하며, 사용자가 직접 새로운 라이브러리를 만들거나 외부 라이브러리를 설치하여 사용할 수도 있습니다. 이번에는 파이썬의 라이브러리 구조와 사용 방법 그리고 몇 가지 유명한 라이브러리에 대해 자세히 알아보겠습니다.

1) 라이브러리의 구조
- **모듈(Module)**: 파이썬 파일 하나를 의미합니다. 하나의 파일에는 함수, 클래스, 변수 등이 포함될 수 있으며, 파일 하나가 하나의 모듈입니다.
- **패키지(Package)**: 모듈들을 계층적으로 구성한 디렉터리입니다. 패키지는 __init__.py 파일을 포함하는 디렉터리로, 이 파일은 해당 디렉터리가 패키지의 일부임을 파이썬 인터프리터에 알립니다.

2) 라이브러리 사용 방법
라이브러리를 사용하기 위해서는 import 문을 사용하여 해당 모듈이나 패키지를 현재

네임 스페이스로 가져와야 합니다.

```
import math   # math 모듈 전체를 가져옴
print(math.sqrt(16))

from math import sqrt   # math 모듈에서 sqrt 함수만 가져옴
print(sqrt(16))

import numpy as np   # numpy 모듈을 np라는 이름으로 가져옴
print(np.array([1, 2, 3]))
```

```
4.0
4.0
[1 2 3]
```

[코드 설명]
- import module: 모듈 전체를 가져옵니다. 모듈 이름을 접두사로 사용합니다.
- from module import name: 모듈에서 특정 함수, 클래스 또는 변수를 가져옵니다. 직접 사용할 수 있습니다.
- import module as alias: 모듈 전체를 가져와서 별칭으로 사용합니다. 긴 모듈 이름을 짧게 사용할 수 있습니다.

3) 몇 가지 유명한 파이썬 라이브러리

- **NumPy**: 수치 계산을 위한 기본 라이브러리로, 효율적인 다차원 배열 처리와 과학 계산 기능을 제공합니다.
- **Pandas**: 데이터 분석과 조작을 위한 라이브러리로, 효율적인 데이터 구조인 DataFrame을 제공합니다.
- **Matplotlib**: 데이터 시각화를 위한 라이브러리로, 고품질의 그래프, 차트, 피규어 등을 생성할 수 있습니다.
- **Scikit-learn**: 머신러닝을 위한 라이브러리로, 분류, 회귀, 클러스터링 등 다양한 머신러닝 알고리즘을 제공합니다.
- **TensorFlow 및 PyTorch**: 딥러닝을 위한 프레임워크로, 복잡한 신경망 모델을 구축하고 학습시키는 데 사용됩니다.

4) 라이브러리 설치

대부분의 외부 라이브러리는 Python 패키지 관리 시스템인 pip를 통해 설치할 수 있습니다. 파이썬 라이브러리를 사용하면 기존에 개발된 코드를 재사용하여 더 효율적이고 안정적인 프로그램을 개발할 수 있으며, 특히 데이터 과학, 웹 개발, 시스템 스크립팅 등 다양한 분야에서 그 장점을 활용할 수 있습니다. 진행하면서 중간에 설치해야 하는 필요한 라이브러리가 있을 때마다 설치하면서 진행하겠습니다.

MEMO

CHAPTER **2**

데이터 수집 및 분석

1. 주식분석 프로젝트
2. 저평가 주식 종목 발굴하기
3. 주가 수익 비율이 낮은 주식 찾기
4. 자기 자본 이익률이 높은 주식 찾기
5. 고배당주 찾기

1. 주식분석 프로젝트

파이썬은 데이터 분석과 인공지능(AI) 분야에서 매우 적합한 프로그래밍 언어로 평가받고 있습니다. 그 이유는 파이썬이 갖고 있는 풍부한 라이브러리 지원, 간결하고 직관적인 문법 그리고 강력한 커뮤니티 지원 덕분입니다. 이러한 특성들은 파이썬을 데이터 중심의 태스크, 특히 주식 시장 분석에 아주 적합하게 만듭니다.

다른 프로그래밍 언어와 비교할 때, 파이썬으로 주식 데이터를 분석하는 것은 여러 면에서 더 수월합니다. 파이썬의 데이터 분석 라이브러리들은 사용하기 쉬우면서도 강력한 기능을 제공합니다. 예를 들어, Pandas는 복잡한 데이터를 쉽게 조작하고 분석할 수 있도록 해주고, NumPy는 고성능의 수치 계산을 가능하게 합니다. 또한, Matplotlib와 같은 시각화 도구는 데이터를 시각적으로 표현하며 분석 결과를 이해하기 쉽게 도와줍니다. 파이썬으로 주식분석을 해야 하는 이유는 아래와 같습니다.

1) 데이터 처리 능력

파이썬은 대용량 데이터 세트를 효과적으로 처리할 수 있는 강력한 라이브러리를 갖추고 있습니다. Pandas는 금융 데이터 분석에 있어서 표준 도구로 자리 잡았으며, 시계열 데이터를 쉽게 조작하고 분석할 수 있게 해줍니다. 또한, NumPy는 고성능 수치 계산을 위한 기능을 제공하여 복잡한 수학적 연산을 빠르게 처리할 수 있습니다.

2) 금융 데이터 접근성

여러 금융 데이터 API와의 통합이 용이합니다. 예를 들어, Yahoo Finance, Google Finance, Quandl 등의 서비스는 파이썬 라이브러리를 통해 주식 가격, 기업 재무 데이터, 경제 지표 등을 쉽게 불러오고 분석할 수 있게 지원합니다. 우리도 앞으로 금융 데이터를 제공하는 Finance DataReader라는 파이썬 라이브러리를 이용할 것입니다. 만약 Finance DataReader 라이브러리로도 못 가져오는 데이터는 파이썬을 활용해서 인터넷에서 데이터를 수집하고 분석하도록 하겠습니다.

3) 자동화와 실시간 분석

파이썬을 사용하면 주식 시장 데이터를 실시간으로 분석하고, 자동화된 트레이딩 시스템을 구축할 수 있습니다.

4) 시각화 도구

Matplotlib, Seaborn, Plotly 같은 시각화 라이브러리를 사용하여 주식 데이터를 시각적으로 분석할 수 있습니다. 이러한 도구는 주식의 가격 변동, 거래량, 기술적 분석 지표 등을 그래픽으로 표현하여 더 깊은 인사이트를 제공합니다.

5) 기술적 분석과 통계 모델링

파이썬은 statsmodels, SciPy 등 통계적 및 기술적 분석을 수행할 수 있는 라이브러리를 갖추고 있어, 예측 모델링 및 전략 개발에 유용합니다. 또한, 머신러닝을 이용한 예측은 Scikit-learn, TensorFlow를 통해 접근 가능합니다.

우리는 앞으로 파이썬으로 주식을 분석해서 좋은 주식을 찾는 방법을 배우고, 인공지능 모델을 만들어 미래 주가를 예측해 보기도 할 겁니다. 자, 그러면 바로 시작해 보겠습니다!

2. 저평가 주식 종목 발굴하기

저평가 주식은 시장에서 거래되는 가격이 그 주식의 본질적인 가치보다 낮게 평가된 주식을 말합니다. 이런 주식은 기업의 내재 가치에 비해 상대적으로 저렴한 가격에 거래되고 있어, 장기적으로 투자 가치가 높다고 판단되는 경우가 많습니다. 저평가 주식을 찾아내는 것은 가치 투자 전략의 핵심입니다.

저평가 주식을 찾는 방법에는 여러 가지가 있지만, 일반적으로 사용되는 몇 가지 방법은 다음과 같습니다.

- **주가 수익 비율(Price to Earnings Ratio, PER)**: PER은 주가를 주당 순이익(EPS)으로 나눈 값입니다. PER이 낮을수록 주식이 저평가되었음을 의미합니다. 일반적으로 같은 업종 내에서 PER이 낮은 주식이 저평가된 것으로 간주합니다.
- **주가 순자산 비율(Price to Book Ratio, PBR)**: PBR은 주가를 주당 순자산 가치(BVPS)로 나눈 값입니다. PBR이 1보다 낮으면, 회사의 순자산 가치보다 주가가 낮게 거래되고 있음을 의미합니다.
- **자기 자본 이익률(Return on Equity, ROE)**: ROE는 순이익을 자기 자본으로 나눈 값입니다. 높은 ROE는 회사가 자본을 효율적으로 사용하고 있음을 나타내며, 이는 회사의 성장 가능성을 의미할 수 있습니다. 높은 ROE에도 불구하고 주가가 낮다면 저평가된 주식일 수 있습니다.

- **배당 수익률(Dividend Yield)**: 배당 수익률은 주당 배당금을 주가로 나눈 값입니다. 배당 수익률이 높으면, 투자자들이 그 주식을 보유함으로써 얻는 배당 수익이 높다는 것을 의미합니다. 이는 주식이 저평가되었음을 나타낼 수 있습니다.

이러한 지표들을 통해 저평가된 주식을 찾는 것이 가능하며, 추가로 기업의 재무 상태, 시장 상황, 경쟁력 등을 종합적으로 분석하여 판단하는 것이 중요합니다.

1) 국내 주식 종목 정보 가져오기

국내 주식 종목 정보를 가져오기 위해서 네이버 증권을 이용하겠습니다.

그림 2-1

네이버 증권(Naver Finance)은 한국의 대표적인 포털 사이트인 네이버(Naver)에서 제공하는 금융 정보 서비스입니다. 이 서비스는 사용자들에게 다양한 금융 관련 정보를 제공하여, 개인 투자자들이 효율적으로 주식 시장을 분석하고 투자 결정을 내릴 수 있도록 돕습니다. 이곳에서 주요 재무 비율 PER, PBR, ROE 등의 정보를 모두 가져오고 저평가 주식을 찾아볼 것입니다.

(1) requests 라이브러리

파이썬에서 인터넷에 있는 정보를 가져오기 위해서는 requests와 BeautifulSoup 라이브러리가 필요합니다. requests는 Python의 HTTP 라이브러리로, 웹 페이지에 HTTP 요청을 보내고 응답을 받을 수 있도록 도와줍니다. 사용하기에 간편하며, 다양한 HTTP 메서드(get, post, put, delete 등)를 지원합니다. requests 라이브러리를 통해서 네이버 증권을 통해 국내 주식 정보를 가져오겠습니다. 먼저 네이버에 접속하고 검색창 밑을 보면, '증권' 아이콘이 보입니다. 해당 아이콘을 클릭하면 네이버 증권 페이지에 접속할 수 있습니다.

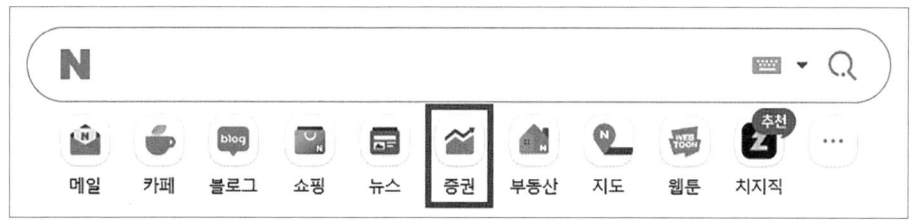

그림 2-2

네이버 증권 페이지에 접속하면, 왼쪽 상단에 국내증시 탭이 보입니다. 해당 탭을 클릭하세요.

그림 2-3

국내증시 탭을 클릭하면 국내 증시에 대한 정보가 있는 페이지에 접속하게 됩니다. 이 페이지에 접속했다면, 왼쪽에 작은 글씨로 시가총액 버튼이 보입니다. 해당 버튼을 클릭하세요.

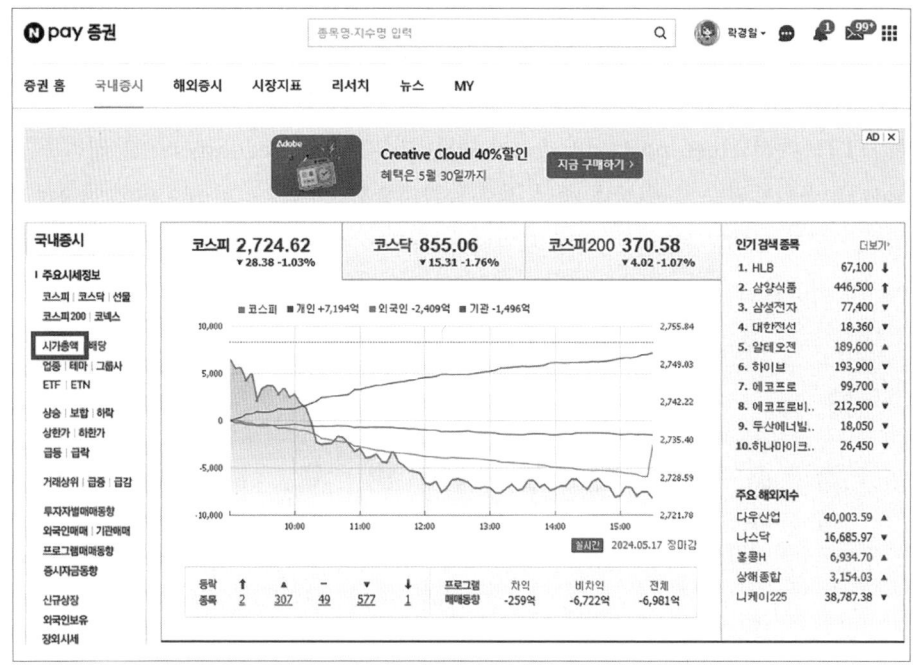

그림 2-4

해당 버튼을 클릭하면 우리나라에 있는 모든 코스피, 코스닥의 시가총액 정보를 볼 수 있습니다. 우리는 파이썬을 통해서 여기 있는 국내주식의 모든 시가총액 정보를 가져올 것입니다. 먼저 해당 페이지에서 코스피, 코스닥 버튼 그리고 아래에 페이지 정보가 담겨 있는 숫자 버튼을 클릭해 보세요. 그럼 위 URL 주소창에 코스피, 코스닥 소속 정보와 페이지 정보가 담겨 있는 URL 정보가 추가됩니다.

	코스피	코스닥									
N	종목명	현재가	전일비	등락률	액면가	시가총액	상장주식수	외국인비율	거래량	PER	ROE	토론실
1	삼성전자	77,400	▼ 800	-1.02%	100	4,620,612	5,969,783	55.96	15,698,949	36.32	4.15	
2	SK하이닉스	189,900	▼ 3,100	-1.61%	5,000	1,382,476	728,002	54.72	2,757,417	-15.17	-15.61	
3	LG에너지솔루션	376,500	▼ 5,000	-1.31%	500	881,010	234,000	4.91	145,751	71.21	6.36	
4	삼성바이오로직스	788,000	▲ 4,000	+0.51%	2,500	560,851	71,174	11.94	45,499	65.39	9.12	
5	삼성전자우	64,300	▼ 400	-0.62%	100	529,116	822,887	75.80	606,022	30.17	N/A	
6	현대차	244,000	▼ 3,000	-1.21%	5,000	510,976	209,416	40.24	407,134	5.60	13.68	
7	기아	112,700	▼ 2,000	-1.74%	5,000	453,104	402,044	40.61	1,067,178	5.18	20.44	
8	셀트리온	191,500	▼ 1,500	-0.78%	1,000	415,542	216,993	24.07	405,173	52.62	5.07	
9	POSCO홀딩스	398,000	▼ 4,500	-1.12%	5,000	336,593	84,571	27.80	218,509	19.82	3.18	
10	KB금융	80,100	▼ 900	-1.11%	5,000	323,212	403,511	76.84	1,011,306	7.00	8.44	
11	NAVER	187,300	▼ 1,200	-0.64%	100	304,191	162,409	45.75	392,352	30.31	4.41	
12	삼성SDI	431,000	▼ 10,500	-2.38%	5,000	296,375	68,765	42.11	177,627	15.10	11.48	
13	LG화학	398,000	▼ 6,000	-1.49%	5,000	280,958	70,592	38.94	191,129	23.29	4.20	

그림 2-5

46	HD한국조선해양	134,500	▼ 3,200	-2.32%	5,000	95,190	70,773	27.65	249,239	42.93	2.26	
47	HD현대일렉트릭	250,000	▼ 6,000	-2.34%	5,000	90,118	36,047	30.49	811,688	34.78	27.71	
48	삼성중공업	9,920	▼ 230	-2.27%	1,000	87,296	880,000	27.36	8,337,786	-59.05	-4.22	
49	HD현대마린솔루션	196,300	▼ 2,300	-1.16%	500	87,255	44,450	2.31	1,356,004	51.96	71.59	
50	KODEX CD금리액티브(합성)	1,036,280	▲ 220	+0.02%	0	82,153	7,928	0.01	290,653	N/A	N/A	

1 2 3 4 5 6 7 8 9 10 다음▶ 맨뒤 ▶▶

그림 2-6

finance.naver.com/sise/sise_market_sum.naver?sosok=0&page=1

그림 2-7

해당 URL 주소를 복사하고 파이썬에 아래와 같이 입력하세요.

```
from datetime import datetime, timedelta
from bs4 import BeautifulSoup
from io import StringIO
```

```
from tqdm import tqdm
from numpy import nan
```

[코드 설명]
- from datetime import datetime, timedelta:
  - datetime: 날짜와 시간을 처리하는 데 사용되는 클래스입니다. 현재 시간, 특정 시간 계산, 포맷 변경 등 다양한 기능을 제공합니다.
  - timedelta: 두 날짜 또는 시간 사이의 차이를 나타내는 클래스입니다. 날짜 또는 시간의 덧셈, 뺄셈 등을 수행할 수 있습니다.

- from bs4 import BeautifulSoup:
  - BeautifulSoup: HTML이나 XML 문서를 파싱하고 탐색 및 수정하는 데 사용되는 라이브러리입니다. 웹 스크래핑 작업에서 주로 사용됩니다.

- from io import StringIO:
  - StringIO: 문자열을 파일처럼 다룰 수 있게 해주는 클래스입니다. 파일 입출력과 유사한 방식으로 문자열을 읽고 쓸 수 있습니다.

- from tqdm import tqdm:
  - tqdm: 루프의 진행 상태를 표시하는 진행 막대를 쉽게 만들 수 있게 해주는 라이브러리입니다. 긴 작업의 진행 상태를 시각적으로 확인할 수 있습니다.

- from numpy import nan:
  - nan: numpy 라이브러리에서 제공하는 'Not a Number' 값을 나타냅니다. 데이터 분석에서 결측값을 표현할 때 사용됩니다.

- import pandas as pd:
  - pandas: 데이터 분석을 위한 고성능, 사용자 친화적인 데이터 구조와 데이터 분석 도구를 제공하는 라이브러리입니다. 주로 데이터 프레임 형태로 데이터를 다룹니다.

- import requests:
  - requests: HTTP 요청을 보내고 응답을 받는 데 사용되는 라이브러리입니다. 웹에서 데이터를 가져올 때 주로 사용됩니다.

- import random:
  - random: 난수 생성을 위한 다양한 함수를 제공하는 라이브러리입니다. 임의의 수나 요소를 선택할 때 사용됩니다.

- import time:
  - time: 시간 관련 함수들을 제공하는 라이브러리입니다. 현재 시각 가져오기, 지연 시간 설정 등 다양한 기능을 제공합니다.

네이버 증권의 웹 페이지를 가져오기 위해서 파이썬에 아래와 같이 입력하세요.

```
url = requests.get("https://finance.naver.com/sise/sise_market_sum.naver?sosok=
0&page=1")
url.text
```


```
'₩n₩n₩n₩n₩n₩n<!-- global include -->₩n₩n₩t₩n₩t₩n₩t₩n₩t₩n₩t₩n<html lang=₩'ko₩'>₩n<head>₩n₩n₩n₩t₩n₩t₩n₩t₩t₩n₩t₩t₩t₩n₩t₩t₩t₩n₩t₩t₩t₩t<t
itle>시가총액 : 네이버페이 증권</title>₩n₩t₩t₩t₩n₩t₩t₩n₩t₩n₩n₩n₩n<meta http-equiv="Content-Type" content="text/html; charset=utf-8" /
>₩n₩n<meta http-equiv="Content-Script-Type" content="text/javascript">₩n<meta http-equiv="Content-Style-Type" content="text/css">₩n<met
a name="apple-mobile-web-app-title" content="네이버페이 증권" />₩n₩n₩n₩n₩n₩t₩n    ₩n        <meta property="og:url" content="http://f
inance.naver.com/sise/sise_market_sum.naver"/>₩n        ₩n₩t₩t₩t₩n₩t₩t    ₩n₩t₩t    ₩t<meta property="og:title" content="시가총액 : 네
이버페이 증권"/>₩n₩t₩t     ₩n₩t₩t₩n₩t₩t₩n₩t₩t₩t₩n₩t₩t₩t   <meta property="og:description" content="관심종목의 실시간 주가를 가장 빠르게
확인하는 곳"/>₩n₩t₩t    ₩n₩t₩t    ₩n₩t₩t₩n₩t₩t ₩n₩t₩t₩t₩n₩t₩t₩t    <meta property="og:image" content="https://ssl.pstatic.net/static/m/
stock/im/2016/08/og_stock-200.png"/>₩n₩t₩t    ₩n₩t₩t    ₩n₩t₩t₩n    ₩n₩n<meta property="og:type" content="article"/>₩n<meta property="o
g:article:thumbnailUrl" content=""/>₩n<meta property="og:article:author" content="네이버페이 증권"/>₩n<meta property="og:article:autho
r:url" content="http://FINANCE.NAVER.COM"/>₩n₩n₩n₩n₩n₩n<link rel=₩'stylesheet₩' type=₩'text/css₩' href=₩'https://ssl.pstatic.net/imgs
tock/static.pc/20240508173253/css/finance_header.css₩'>₩n₩n₩t₩n₩t₩n₩t₩n₩t₩n₩t₩t₩n₩t₩t<link rel="stylesheet" type="text/css" href="http
s://ssl.pstatic.net/imgstock/static.pc/20240508173253/css/newstock.css">₩n₩t₩t<link rel="stylesheet" type="text/css" href="https://ssl.
pstatic.net/imgstock/static.pc/20240508173253/css/common.css">₩n₩t₩t<link rel="stylesheet" type="text/css" href="https://ssl.pstatic.ne
t/imgstock/static.pc/20240508173253/css/layout.css">₩n₩t₩t<link rel="stylesheet" type="text/css" href="https://ssl.pstatic.net/imgstoc
k/static.pc/20240508173253/css/main.css">₩n₩t₩t<link rel="stylesheet" type="text/css" href="https://ssl.pstatic.net/imgstock/static.pc/
20240508173253/css/newstock2.css">₩n₩t₩t<link rel="stylesheet" type="text/css" href="https://ssl.pstatic.net/imgstock/static.pc/2024050
8173253/css/newstock3.css">₩n₩t₩t<link rel="stylesheet" type="text/css" href="https://ssl.pstatic.net/imgstock/static.pc/2024050817325
3/css/world.css">₩n₩t₩t₩n₩t₩t₩t₩n₩t₩t₩t₩n₩t₩t₩t₩t<script type="text/javascript" src="https://ssl.pstatic.net/imgstock/static.pc/2024050
8173253/js/jindo.min.ns.1.5.3.euckr.js"></script>₩n₩t₩t₩t₩t<script type="text/javascript" src="https://ssl.pstatic.net/imgstock/static.
```


그림 2-8

[코드 설명]

- HTTP GET 요청:
  - requests.get("https://finance.naver.com/sise/sise_market_sum.naver?sosok=0&page=1")은 지정된 URL에 HTTP GET 요청을 보냅니다.
  - 이 요청은 네이버 금융 사이트의 주식시장 요약 페이지에서 데이터를 가져오는 역할을 합니다.

- 응답 객체 저장:
  - url 변수에 requests.get() 함수의 반환 값인 Response 객체를 저장합니다.
  - Response 객체는 요청에 대한 서버의 응답을 포함합니다.

- 응답 객체 확인:
  - url 변수를 출력하여 Response 객체의 정보를 확인할 수 있습니다.
  - 일반적으로 Response 객체에는 상태 코드, 응답 본문, 헤더 등이 포함됩니다.

(2) BeautifulSoup 라이브러리

BeautifulSoup는 HTML 및 XML 파일을 파싱(parsing)하여 데이터 추출을 쉽게 할 수 있도록 도와주는 라이브러리입니다. requests 라이브러리를 통해서 가져온 네이버

증권 시가총액 페이지 정보를 BeautifulSoup 라이브러리를 사용해서 HTML 객체로 바꿔야만 원하는 정보를 쉽게 추출할 수 있습니다. 아래 코드를 입력하고 실행하세요.

```
html = BeautifulSoup(url.text)
html
```

```
<!-- global include --><html lang="ko">
<head>
<title>시가총액 : 네이버페이 증권</title>
<meta content="text/html; charset=utf-8" http-equiv="Content-Type"/>
<meta content="text/javascript" http-equiv="Content-Script-Type"/>
<meta content="text/css" http-equiv="Content-Style-Type"/>
<meta content="네이버페이 증권" name="apple-mobile-web-app-title"/>
<meta content="http://finance.naver.com/sise/sise_market_sum.naver" property="og:url"/>
<meta content="시가총액 : 네이버페이 증권" property="og:title"/>
<meta content="관심종목의 실시간 주가를 가장 빠르게 확인하는 곳" property="og:description"/>
<meta content="https://ssl.pstatic.net/static/m/stock/im/2016/08/og_stock-200.png" property="og:image"/>
<meta content="article" property="og:type"/>
<meta content=" " property="og:article:thumbnailUrl"/>
<meta content="네이버페이 증권" property="og:article:author"/>
<meta content="http://FINANCE.NAVER.COM" property="og:article:author:url"/>
<link href="https://ssl.pstatic.net/imgstock/static.pc/20240508173253/css/finance_header.css" rel="stylesheet" type="text/css"/>
```

그림 2-9

[코드 설명]
- HTML 파싱:
  - html = BeautifulSoup(url.text)는 BeautifulSoup 클래스를 사용하여 url.text에 저장된 HTML 문서를 파싱합니다.
  - url.text는 이전에 requests.get()으로 가져온 웹 페이지의 HTML 소스 코드입니다.
  - BeautifulSoup 객체 html은 파싱된 HTML 문서의 계층 구조를 나타내며, 이를 통해 HTML 요소에 접근하고 조작할 수 있습니다.

- BeautifulSoup 객체:
  - html 변수에 BeautifulSoup 객체를 저장합니다.
  - 이 객체는 HTML 문서의 구조를 표현하며, 다양한 메서드를 사용하여 문서 내의 요소를 탐색하고 수정할 수 있습니다.

이 코드는 전체적으로 네이버 금융 사이트의 특정 페이지에서 HTML 소스 코드를 가져와 BeautifulSoup를 사용하여 파싱한 후, 파싱된 HTML 문서를 html 변수에 저장하는 과정입니다. 이 과정은 이후에 HTML 문서에서 필요한 데이터를 쉽게 추출할 수 있게 합니다.

이제 가져온 정보를 통해서 원하는 정보만 가져와야 합니다. 네이버 증권에서 가져오고 싶은 정보에 마우스를 대고 마우스 오른쪽 버튼을 누르고 '검사' 버튼을 누르면 해당하는 소스 코드를 볼 수 있습니다. 우리는 국내 모든 주식 종목을 가져오기 위해서 네이버 증권 시가총액에 있는 표 데이터를 모두 가져올 것입니다. 따라서 표에 마우스를 위치시키고 오른쪽 버튼을 눌러 검사 버튼을 누르세요.

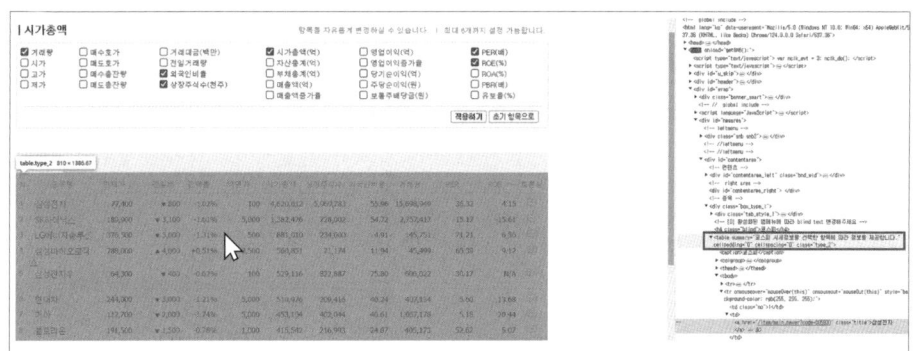

그림 2-10

소스 코드에 마우스를 대면 웹 페이지의 해당하는 부분이 파란색으로 칠해집니다. 우리가 가져오려고 하는 곳은 아래 소스 코드입니다.

```
<table summary="코스피 시세 정보를 선택한 항목에 따라 정보를 제공합니다."
cellpadding="0" cellspacing="0" class="type_2">
```

위 소스 코드는 HTML 소스 코드입니다.

- **<table>**: HTML에서 테이블을 정의하는 태그입니다. 테이블은 행(tr), 열(td 또는 th)로 구성됩니다.
- **summary 속성**: 테이블의 내용을 요약하여 설명합니다. 접근성 향상을 위해 사용됩니다. 화면 리더기 등 보조 기술이 이 속성을 읽어 사용자에게 테이블의 목적을 설명합니다.
- **cellpadding 속성**: 각 셀(Cell) 내의 내용과 셀 경계 사이의 간격을 정의합니다. 이 경우, 0으로 설정되어 있어 간격이 없음을 의미합니다.

- **cellspacing 속성**: 테이블 셀 사이의 간격을 정의합니다. 이 경우, 0으로 설정되어 있어 간격이 없음을 의미합니다.
- **class 속성**: CSS 클래스를 지정하여 스타일을 적용합니다. 여기서는 type_2 클래스가 지정되어 있습니다.

여기서 중요한 것은 맨 앞의 table 태그와 class 속성값입니다. 따라서 table 태그와 class 속성값인 type_2에 접근하면 우리가 원하는 정보를 가져올 수 있습니다. 해당하는 정보를 가져오기 위해 파이썬에 아래와 같이 입력하세요.

```
table = html.find("table", class_ = 'type_2')
table
```

```
<table cellpadding="0" cellspacing="0" class="type_2" summary="코스피 시세정보를 선택한 항목에 따라 정보를 제공합니다.">
<caption>코스피</caption>
<colgroup>
<col width="2%"/>
<col width="*"/>
<col width="7%"/>
<col width="9%"/>
<col width="7%"/>
<col width="8%"/>
<col width="8%"/>
<col width="8%"/>
<col width="8%"/>
<col width="8%"/>
<col width="8%"/>
<col width="6%"/>
</colgroup>
```

그림 2-11

[코드 설명]
- HTML 요소 찾기:
  - table = html.find("table", class_='type_2')는 BeautifulSoup 객체에서 지정한 태그와 클래스를 가진 첫 번째 <table> 요소를 찾습니다.
  - html.find(tag_name, **attributes) 메서드는 지정한 태그 이름과 속성을 가진 첫 번째 요소를 반환합니다.
  - 여기서는 태그 이름이 "table"이고 클래스 이름이 'type_2'인 요소를 찾습니다.

- find 메서드:
  - html.find("table", class_='type_2')는 BeautifulSoup 객체 html에서 <table> 태그 중 클래스가 'type_2'인 첫 번째 요소를 검색합니다.
  - 검색된 <table> 요소는 table 변수에 저장됩니다.
  - 찾는 요소가 없으면 None을 반환합니다.

(3) read_html 함수

pandas.read_html 함수는 파이썬의 데이터 분석 라이브러리인 pandas에서 제공하는 함수로, HTML 문서에서 테이블 데이터를 읽어와 pandas.DataFrame 형식으로 변환하는 데 사용됩니다. 이 함수는 HTML 문서 내의 모든 테이블을 찾아 각각의 테이블을 데이터 프레임으로 변환해 줍니다. read_html 함수를 통해서 가져온 정보를 데이터 프레임으로 변환해 보겠습니다. 파이썬에 아래와 같이 코드를 입력하세요.

```
table_str = str(table)
table_io = StringIO(table_str)

tables = pd.read_html(table_io)[0]
tables = tables[tables['종목명'].notnull()]

tables = tables.drop(['N', '토론실'], axis = 1)
tables.head()
```

	종목명	현재가	전일비	등락률	액면가	시가총액	상장주식수	외국인비율	거래량	PER	ROE
1	삼성전자	77400.0	하락 800	-1.02%	100.0	4620612.0	5969783.0	55.96	15698949.0	36.32	4.15
2	SK하이닉스	189900.0	하락 3,100	-1.61%	5000.0	1382476.0	728002.0	54.72	2757417.0	-15.17	-15.61
3	LG에너지솔루션	376500.0	하락 5,000	-1.31%	500.0	881010.0	234000.0	4.91	145751.0	71.21	6.36
4	삼성바이오로직스	788000.0	상승 4,000	+0.51%	2500.0	560851.0	71174.0	11.94	45499.0	65.39	9.12
5	삼성전자우	64300.0	하락 400	-0.62%	100.0	529116.0	822887.0	75.80	606022.0	30.17	NaN

그림 2-12

[코드 설명]
- HTML 요소를 문자열로 변환:
  - table_str = str(table)는 BeautifulSoup 객체에서 찾은 <table> 요소를 문자열로 변환합니다.
  - 이는 pd.read_html 함수가 문자열 입력을 처리할 수 있도록 하기 위함입니다.

- 문자열을 파일처럼 다루기:
  - table_io = StringIO(table_str)는 문자열을 파일처럼 다룰 수 있게 해주는 StringIO 객체로 변환합니다.
  - 이는 pd.read_html 함수가 파일 객체를 입력으로 받을 수 있도록 하기 위함입니다.

- HTML 테이블을 판다스 데이터 프레임으로 변환:
  - tables = pd.read_html(table_io)[0]는 HTML 문자열에서 첫 번째 테이블을 판다스 데이터 프레임으로 변환합니다.
  - pd.read_html 함수는 HTML 문서에서 테이블을 추출하여 데이터 프레임 리스트로 반환합니다.

- 유효한 종목명 필터링:
  - tables = tables[tables['종목명'].notnull()]은 종목명 열에 null 값이 아닌 행만 필터링합니다.
  - 이는 유효한 데이터만 남기기 위함입니다.

- 필요 없는 열 제거:
  - tables = tables.drop(['N', '토론실'], axis=1)은 N 열과 토론실 열을 데이터 프레임에서 제거합니다.
  - axis=1은 열을 기준으로 삭제한다는 의미입니다.

- 데이터 프레임의 처음 5개 행 출력:
  - tables.head()는 데이터 프레임의 처음 5개 행을 반환합니다.
  - 이는 데이터 프레임의 구조와 내용을 확인하기 위해 사용됩니다.

이제 시가총액 표 데이터를 모두 가져오는 방법을 알았으니 이번에는 모든 코스피 정보, 코스닥 정보를 한꺼번에 가져와서 하나의 데이터 프레임으로 만들어 보겠습니다. 우선 모든 코스피, 코스닥 정보를 가져오기 위해서는 각각 몇 페이지가 존재하는지 알고 있어야 합니다. 페이지 정보도 스크래핑을 통해 수집할 수 있지만 직관적으로 쉽게 이해할 수 있도록 페이지 정보를 직접 찾아서 적어 주도록 하겠습니다. 현재 2024년 5월 20일 기준에서는 코스피는 44페이지까지 있으며, 코스닥은 35페이지까지 있습니다. 시기에 맞게 페이지 정보만 수정해서 다음과 같이 코드를 입력하세요.

```
kospi_box = []
for n in tqdm(range(1, 45)):
    url = requests.get(f"https://finance.naver.com/sise/sise_market_sum.naver?sosok=0&page={n}")
    html = BeautifulSoup(url.text)

    table = html.find("table", class_ = 'type_2')
    table_str = str(table)
    table_io = StringIO(table_str)

    tables = pd.read_html(table_io)[0]
    tables = tables[tables['종목명'].notnull()]

    tables = tables.drop(['N', '토론실'], axis = 1)
    tables['소속'] = 'KOSPI'
    kospi_box.append(tables)
    time.sleep(1)

kosdaq_box = []
for n in tqdm(range(1, 36)):
    url = requests.get(f"https://finance.naver.com/sise/sise_market_sum.naver?sosok=1&page={n}")
    html = BeautifulSoup(url.text)

    table = html.find("table", class_ = 'type_2')
    table_str = str(table)
    table_io = StringIO(table_str)


    tables = pd.read_html(table_io)[0]
    tables = tables[tables['종목명'].notnull()]

    tables = tables.drop(['N', '토론실'], axis = 1)
    tables['소속'] = 'KOSDAQ'
    kosdaq_box.append(tables)
    time.sleep(1)

stock = pd.concat(kospi_box + kosdaq_box, ignore_index=True)
stock
```

	종목명	현재가	전일비	등락률	액면가	시가총액	상장주식수	외국인비율	거래량	PER	ROE	소속
0	삼성전자	77400.0	하락 800	-1.02%	100.0	4620612.0	5969783.0	55.96	15698949.0	36.32	4.15	KOSPI
1	SK하이닉스	189900.0	하락 3,100	-1.61%	5000.0	1382476.0	728002.0	54.72	2757417.0	-15.17	-15.61	KOSPI
2	LG에너지솔루션	376500.0	하락 5,000	-1.31%	500.0	881010.0	234000.0	4.91	145751.0	71.21	6.36	KOSPI
3	삼성바이오로직스	788000.0	상승 4,000	+0.51%	2500.0	560851.0	71174.0	11.94	45499.0	65.39	9.12	KOSPI
4	삼성전자우	64300.0	하락 400	-0.62%	100.0	529116.0	822887.0	75.80	606022.0	30.17	NaN	KOSPI
...	...	...	...	...	...	...	...	...	...	...	...	...
3920	하나32호스팩	2210.0	보합0	0.00%	100.0	71.0	3200.0	2.04	30507.0	NaN	NaN	KOSDAQ
3921	에스케이증권제12호스팩	2135.0	보합0	0.00%	100.0	71.0	3310.0	0.55	62495.0	NaN	NaN	KOSDAQ
3922	엔에이치스팩25호	2310.0	하락 5	-0.22%	100.0	70.0	3020.0	0.11	3754.0	45.29	2.73	KOSDAQ
3923	소프트센우	9680.0	하락 50	-0.51%	200.0	35.0	357.0	0.21	725.0	-85.66	NaN	KOSDAQ
3924	대호특수강우	7870.0	하락 10	-0.13%	5000.0	33.0	424.0	0.28	148.0	74.25	NaN	KOSDAQ

3925 rows × 12 columns

그림 2-13

[코드 설명]
- KOSPI 데이터 수집:
  - kospi_box 리스트를 초기화합니다.
  - for n in tqdm(range(1, 45)):은 1부터 44까지 반복합니다.
  - requests.get(f"https://finance.naver.com/sise/sise_market_sum.naver?sosok=0&page={n}")을 사용하여 KOSPI 시장의 각 페이지에 HTTP GET 요청을 보냅니다.
  - BeautifulSoup(url.text)을 사용하여 응답 HTML을 파싱합니다.
  - html.find("table", class_ = 'type_2')를 사용하여 클래스가 'type_2'인 <table> 요소를 찾습니다.
  - str(table)를 사용하여 <table> 요소를 문자열로 변환합니다.
  - StringIO(table_str)를 사용하여 문자열을 파일처럼 다룰 수 있는 StringIO 객체로 변환합니다.
  - pd.read_html(table_io)[0]을 사용하여 HTML 테이블을 판다스 데이터 프레임으로 변환합니다.
  - tables = tables[tables['종목명'].notnull()]를 사용하여 종목명 열에 null 값이 아닌 행만 필터링합니다.
  - tables.drop(['N', '토론실'], axis=1)을 사용하여 필요 없는 열을 제거합니다.
  - tables['소속'] = 'KOSPI'를 사용하여 소속 열에 'KOSPI' 값을 추가합니다.
  - kospi_box.append(tables)를 사용하여 데이터 프레임을 kospi_box 리스트에 추가합니다.
  - time.sleep(1)을 사용하여 각 요청 사이에 1초 지연 시간을 추가합니다.
- KOSDAQ 데이터 수집:
  - kosdaq_box 리스트를 초기화합니다.
  - for n in tqdm(range(1, 36)):은 1부터 35까지 반복합니다.

- requests.get(f"https://finance.naver.com/sise/sise_market_sum.naver?sosok=1&page={n}")을 사용하여 KOSDAQ 시장의 각 페이지에 HTTP GET 요청을 보냅니다.
- 나머지 과정은 KOSPI 데이터 수집과 동일합니다. 단, tables['소속'] = 'KOSDAQ'을 사용하여 소속 열에 'KOSDAQ' 값을 추가합니다.
- kosdaq_box.append(tables)를 사용하여 데이터 프레임을 kosdaq_box 리스트에 추가합니다.
- time.sleep(1)을 사용하여 각 요청 사이에 1초 지연 시간을 추가합니다.

- 데이터 통합:
  - pd.concat(kospi_box + kosdaq_box, ignore_index=True)를 사용하여 kospi_box와 kosdaq_box 리스트의 모든 데이터 프레임을 하나의 데이터 프레임으로 결합합니다.
  - ignore_index=True는 새로운 데이터 프레임의 인덱스를 무시하고, 0부터 시작하는 인덱스를 재설정합니다.

- 결과 확인:
  - 최종 결합한 데이터 프레임 stock을 출력합니다.

이 코드 전체는 네이버 금융 사이트에서 KOSPI와 KOSDAQ 시장의 모든 페이지를 순회하며 각 페이지의 주식 정보를 수집하고, 이를 정제하여 하나의 데이터 프레임으로 병합하는 과정을 설명합니다.

3. 주가 수익 비율이 낮은 주식 찾기

주가 수익 비율(Price to Earnings Ratio, PER)은 주식의 현재 가격을 주당 순이익(Earnings Per Share, EPS)으로 나눈 비율입니다. PER는 투자자들이 해당 주식의 가치를 평가하는 데 중요한 지표로 사용됩니다.

1) PER의 계산식

$$PER = 주가 / 주당\ 순이익(EPS)$$

- **주가(Price)**: 주식 한 주의 현재 시장 가격입니다.
- **주당 순이익(EPS)**: 일정 기간의 순이익을 발행된 총주식 수로 나눈 값입니다.

2) PER의 해석

- 높은 PER
- 주식이 고평가되었을 가능성이 있습니다.
- 투자자들이 미래의 성장 가능성을 높게 평가하고 있다는 신호일 수 있습니다.
- 예를 들어, 성장주(High-Growth Stock)들이 높은 PER를 가지는 경우가 많습니다.

- **낮은 PER**
  - 주식이 저평가되었을 가능성이 있습니다.
  - 투자자들이 해당 기업의 성장 가능성에 대해 회의적이거나, 기업의 현재 수익성이 높다는 신호일 수 있습니다.
  - 예를 들어, 가치주(Value Stock)들이 낮은 PER를 가지는 경우가 많습니다.

예를 들어, 어떤 회사의 주가가 100,000원이고 주당 순이익이 5,000원이라면, PER는 다음과 같이 계산됩니다:

$$PER = 100,000 / 5,000 = 20$$

이 경우, 이 회사의 PER는 20입니다. 이는 투자자들이 현재의 수익 수준에서 이 회사 주식을 사기 위해 20배의 가격을 지불하고 있다는 의미입니다.

3) PER의 중요성

- **투자 가치 평가**
  - PER는 주식의 현재 가격이 기업의 수익성에 비해 적절한지 평가하는 데 사용됩니다.
  - 동일 산업 내 다른 기업들과 비교하여 상대적인 가치 평가가 가능합니다.

- **성장 가능성 평가**
  - PER는 투자자들이 해당 기업의 미래 성장 가능성을 어떻게 평가하는지 반영합니다.
  - 높은 PER는 미래 성장에 대한 기대가 높음을 나타낼 수 있습니다.

- **시장 심리 반영**
  - PER는 시장의 심리를 반영합니다. 낙관적인 시장에서는 PER가 높아질 수 있으며, 비관적인 시장에서는 낮아질 수 있습니다.

그러나 PER가 낮다고 해서 반드시 저평가 주식인 것은 아닙니다. PER가 낮은 이유가 기업의 실적 부진, 산업의 불확실성, 기타 구조적 문제 등일 수 있어, 추가적인 분석이 필요합니다. 기업의 재무 상태, 성장 가능성, 경쟁력, 시장 상황 등을 종합적으로 고려하여 투자 결정을 내리는 것이 중요합니다. 또한 PER가 음수라는 것은 해당 기업이 순이익이 아니라 순손실을 보고 있다는 것을 의미합니다. 이는 주가를 순이익으로 나눌 때, 분모가 음수라서 발생하는 현상입니다. PER가 음수인 경우는 주식이 저평가되었는지 여부를 판단하는 데 도움이 되지 않습니다.

위에서 가져온 시가총액 정보를 통해서 음수가 아니면서 10 미만의 PER 종목들을 모두 가져오겠습니다. 파이썬에 아래 코드를 입력하세요.

```python
sample = stock.dropna(subset = "PER")
sample = sample[(sample['PER'] > 0) & (sample['PER'] < 10)]
sample = sample.sort_values("PER")

for i in range(len(sample)):

    data = sample.iloc[i]

    name = data['종목명']
    per = data['PER']

    print(f"{name} PER : {per}")
```

```
대성홀딩스 PER : 0.94
다산솔루에타 PER : 1.06
상지건설 PER : 1.19
씨엑스아이 PER : 1.21
...생략
엔케이 PER : 1.28
유성티엔에스 PER : 1.39
흥국화재우 PER : 1.4
넥스틸 PER : 1.43
```

[코드 설명]
- 결측값 제거:
  - sample = stock.dropna(subset=["PER"])는 stock 데이터 프레임에서 PER 열에 결측값이 있는 행을 제거합니다.
  - subset=["PER"]는 PER 열을 기준으로 결측값을 확인합니다.

- PER 값 필터링:
  - sample = sample[(sample['PER'] > 0) & (sample['PER'] < 10)]는 PER 값이 0보다 크고 10보다 작은 행만 필터링합니다.
  - 이는 유효한 PER 값을 가진 종목만 남기기 위함입니다.

- PER 값 기준 정렬:
  - sample = sample.sort_values("PER")는 PER 값 기준으로 데이터 프레임을 오름차순으로 정렬합니다.
  - PER 값이 작은 순서대로 정렬됩니다.

- 데이터 출력:
  - for i in range(len(sample)):은 sample 데이터 프레임의 각 행을 반복합니다.
  - data = sample.iloc[i]는 sample 데이터 프레임의 i 번째 행을 data 변수에 저장합니다.
  - name = data['종목명']는 data 변수에서 종목명 열의 값을 name 변수에 저장합니다.
  - per = data['PER']는 data 변수에서 PER 열의 값을 per 변수에 저장합니다.
  - print(f"{name} PER : {per}")는 종목명과 PER 값을 출력합니다.

이 코드는 최종적으로 'PER' 값이 0보다 크고 10보다 작은 주식 종목들을 PER 값 기준으로 정렬하여, 각 종목의 이름과 PER 값을 출력합니다.

4. 자기 자본 이익률이 높은 주식 찾기

자기 자본 이익률(Return On Equity, ROE)은 기업의 자기 자본을 사용하여 얼마나 효율적으로 이익을 창출하는지를 나타내는 재무 비율입니다. ROE는 주주들이 투자한 자본 대비 기업이 얼마나 많은 이익을 내고 있는지를 평가하는 데 사용됩니다.

1) ROE의 계산식
ROE는 다음과 같은 공식으로 계산됩니다.

$$ROE = 순이익 / 자기 자본$$

- **순이익(Net Income)**: 일정 기간 기업이 벌어들인 총이익에서 모든 비용을 뺀 최종 이익입니다. 일반적으로 손익 계산서의 하단에 위치합니다.
- **자기 자본(Shareholders' Equity)**: 총자산에서 총부채를 뺀 값으로, 주주들이 회사에 투자한 자본입니다. 일반적으로 대차 대조표에 나타납니다.

2) ROE의 해석
- **높은 ROE**: 높은 ROE는 기업이 주주들의 자본을 효과적으로 활용하여 높은 수익을 창출하고 있음을 나타냅니다. 일반적으로 ROE가 높을수록 기업의 경영 효율성이 높다

고 평가됩니다.
- **낮은 ROE**: 낮은 ROE는 기업이 주주들의 자본을 효율적으로 활용하지 못하고 있음을 나타냅니다. 이는 경영 효율성이나 수익성이 낮음을 의미할 수 있습니다.

예를 들어, 어떤 회사의 순이익이 100억 원이고 자기 자본이 500억 원이라면, ROE는 다음과 같이 계산됩니다.

$$ROE = 100억\ 원 / 500억\ 원 = 0.2(또는\ 20\%)$$

이 경우, 이 회사는 주주들이 투자한 자본 1원당 0.2원의 이익을 창출하고 있다는 의미입니다.

3) ROE의 중요성
- **투자 성과 평가**: ROE는 주주들이 기업에 투자한 자본의 수익성을 평가하는 데 중요한 지표입니다. 높은 ROE는 투자자에게 매력적으로 보일 수 있습니다.
- **경영 효율성 측정**: ROE는 경영진이 주주들의 자본을 얼마나 효율적으로 활용하고 있는지를 측정하는 데 유용합니다.
- **비교 지표**: 같은 산업 내에서 기업 간 성과를 비교할 때 유용합니다. 산업별로 평균 ROE가 다를 수 있어 같은 산업 내에서 비교하는 것이 좋습니다.

ROE는 기업의 수익성과 경영 효율성을 평가하는 중요한 재무 비율입니다. 투자자와 경영진 모두에게 유용한 지표로, 기업의 장기적인 성장 가능성과 재무 건전성을 평가하는 데 큰 도움을 줍니다. 하지만 ROE 역시 음수라면 기업이 순손실을 보고 있음을 의미합니다. 나시 밀해, 기업이 일정 기간 주주들의 자본을 활용하여 이익을 창출하지 못하고 손실을 보았음을 나타냅니다. 결론적으로, ROE가 음수인 것은 기업이 재정적으로 어려움을 겪고 있음을 나타내므로, 투자자와 경영진 모두에게 중요한 경고 신호로 작용합니다.

이번에는 파이썬을 통해서 음수 값을 가지지 않고 높은 순서대로 고 ROE 종목을 찾아보겠습니다. 아래 코드를 입력하세요.

```python
sample = stock.dropna(subset = "ROE")
sample = sample[sample['ROE'] > 0]
sample = sample.sort_values("ROE", ascending = False)

for i in range(len(sample)):

    data = sample.iloc[i]

    name = data['종목명']
    roe = data['ROE']

    print(f"{name} ROE : {roe}")
```

```
카나리아바이오 ROE : 3775.29
코다코 ROE : 907.99
대유플러스 ROE : 556.76
...생략
셀리버리 ROE : 472.6
위니아 ROE : 208.56
엔젤로보틱스 ROE : 166.35
```

[코드 설명]
- 결측값 제거:
  - sample = stock.dropna(subset=["ROE"])는 stock 데이터 프레임에서 ROE 열에 결측값이 있는 행을 제거합니다.
  - subset=["ROE"]는 ROE 열을 기준으로 결측값을 확인합니다.

- ROE 값 필터링:
  - sample = sample[sample['ROE'] > 0]은 ROE 값이 0보다 큰 행만 필터링합니다.
  - 이는 유효한 ROE 값을 가진 종목만 남기기 위함입니다.

- ROE 값 기준 정렬:
  - sample = sample.sort_values("ROE", ascending=False)는 ROE 값 기준으로 데이터 프레임을 내림차순으로 정렬합니다.
  - ascending=False는 ROE 값이 큰 순서대로 정렬됩니다.

- 데이터 출력:
  - for i in range(len(sample)):은 sample 데이터 프레임의 각 행을 반복합니다.
  - data = sample.iloc[i]는 sample 데이터 프레임의 i번째 행을 data 변수에 저장합니다.
  - name = data['종목명']는 data 변수에서 종목명 열의 값을 name 변수에 저장합니다.
  - roe = data['ROE']는 data 변수에서 ROE 열의 값을 roe 변수에 저장합니다.
  - print(f"{name} ROE : {roe}")는 종목명과 ROE 값을 출력합니다.

이 코드는 주식 데이터에서 재무 상태가 양호한(ROE가 양수인) 종목들을 찾아서 ROE 값을 기준으로 내림차순 정렬한 후, 해당 종목들의 정보를 출력합니다.

5. 고배당주 찾기

배당주(Dividend Stock)는 기업이 주주들에게 정기적으로 배당금을 지급하는 주식을 말합니다. 배당주는 투자자들에게 주식 가격 상승뿐만 아니라 배당금이라는 형태로 정기적인 수익을 제공하는 특징이 있습니다. 배당주는 일반적으로 안정적이고 성숙한 기업에서 발행됩니다.

1) 배당주의 주요 특징

- **정기적인 배당 지급**
  - 배당주는 기업이 일정 기간(분기, 반기, 연간 등)마다 주주들에게 이익의 일부를 배당금으로 지급하는 주식입니다.
  - 배당금은 현금이나 추가 주식 형태로 지급될 수 있습니다.

- **안정적인 수익**
  - 배당주는 주가 상승뿐만 아니라 배당금이라는 형태의 정기적인 수익을 제공합니다.
  - 주가가 크게 변동하지 않는 경우에도 배당금을 통해 수익을 기대할 수 있습니다.

- **성숙한 기업**
  - 배당금을 지급하는 기업은 일반적으로 사업이 안정적이고 성숙한 단계에 있는 경우가

많습니다.
- 이러한 기업은 대체로 수익이 안정적이고, 재투자보다는 주주들에게 수익을 환원하는 경향이 있습니다.

2) 배당주의 장점

- **안정적인 수익원**
- 배당주는 주식 가격 변동과 무관하게 정기적인 수익을 제공하여 포트폴리오의 안정성을 높입니다.
- 특히, 저금리 시대에 높은 배당 수익률은 매력적일 수 있습니다.

- **재투자 기회**
- 배당금을 재투자하여 복리 효과를 누릴 수 있습니다. 배당금으로 추가 주식을 매수하면 장기적으로 자산이 증가할 수 있습니다.

- **리스크 분산**
- 배당주는 주가 변동성에 대한 리스크를 분산하는 효과가 있습니다. 주가 하락 시에도 배당금이 일정 수준의 수익을 보장해 줍니다.

3) 배당주의 단점

- **성장 잠재력 제한**
- 배당금을 많이 지급하는 기업은 재투자할 자본이 줄어들어 성장 잠재력이 제한될 수 있습니다.
- 성장주에 비해 주가 상승 폭이 작을 수 있습니다.

- **세금 부담**
- 배당금은 세금이 부과되는 소득으로, 배당주에 투자할 때 세금 부담을 고려해야 합니다.
- 일부 국가에서는 배당 소득에 대해 높은 세율을 적용하기도 합니다.

4) 배당주의 예시

- **전통적인 배당주**
  - 금융, 유틸리티, 통신, 소비재 등의 산업에서 안정적이고 꾸준한 배당금을 지급하는 기업들이 많습니다.
  - 예: 코카콜라(KO), 존슨앤존슨(JNJ), AT&T(T)

- **고배당주**
  - 높은 배당 수익률을 제공하는 주식으로, 배당 수익률이 높을수록 투자자에게 매력적일 수 있습니다.
  - 예: 리얼티 인컴(Realty Income, O), 알트리아 그룹(Altria Group, MO)

배당주는 정기적인 수익을 제공하여 포트폴리오의 안정성을 높이고, 리스크를 분산하는 데 유리한 투자 자산입니다. 그러나 배당주는 성장 잠재력이 제한될 수 있으며, 세금 부담을 고려해야 합니다. 따라서 배당주 투자는 투자자의 목표와 재정 상황에 따라 신중하게 결정해야 합니다.

고배당주 종목을 발굴하기 위해서 이번에도 네이버 증권을 통해서 데이터를 수집하겠습니다. 네이버 증권에 접속하고 왼쪽 탭을 보시면, '배당'이라고 적혀 있는 버튼이 있습니다. 해당 버튼을 클릭하세요.

그림 2-14

해당 버튼을 클릭하면, 우리나라 국내 배당 주식의 모든 종목을 확인할 수 있습니다.

증권홈 > 국내증시 > 배당											
배당											
전체 코스피 코스닥											
종목명	현재가	기준월	배당금	수익률(%)	배당성향(%)	ROE(%)	PER(배)	PBR(배)	과거 3년 배당금		
									1년전	2년전	3년전
한국패러랠	238	23.12	2,168	910.92	-	-	-	-	390	90	235
스타리츠	3,735	23.12	961	25.73	220.22	5.24	26.77	1.51	1,572	200	150
예스코홀딩스	42,350	23.12	8,750	20.66	157.91	4.99	8.38	0.30	2,500	2,250	2,000
인화정공	13,160	23.12	2,250	17.10	817.65	1.47	43.53	0.63	0	0	0
에이블씨엔씨	9,450	24.04	1,427	15.10	605.02	6.05	28.98	2.01	0	0	0
오상헬스케어	13,970	23.12	2,000	14.32	21.62	47.25	-	0.00	3,000	1,000	2,000
신한알파리츠	6,400	24.03	828	12.94	-	-	-	-	372	352	302
NH프라임리츠	4,390	23.11	531	12.10	58.40	12.18	6.12	0.71	225	248	246
크레버스	17,680	23.12	2,000	11.31	110.97	33.62	12.71	3.15	1,800	2,000	800
마스턴프리미…	2,915	23.09	305	10.46	-73.35	-4.24	-13.64	0.60	111	-	-
현대엘리베이	40,000	23.12	4,000	10.00	45.28	26.15	5.52	1.25	500	800	800
정다운	3,065	23.12	300	9.79	30.04	30.34	2.80	0.75	100	100	0
제이알글로벌…	4,120	23.12	385	9.35	165.86	2.61	34.70	0.94	373	366	147
케이탑리츠	1,021	23.12	95	9.31	39.00	11.85	4.21	0.48	108	38	77
미래에셋글로…	3,175	23.09	288	9.08	177.23	1.63	37.20	0.61	180	-	-

그림 2-15

이 페이지도 마찬가지로 여러 페이지가 존재합니다. (이 책을 집필하고 있는 시점에서는 27페이지까지 있었습니다.) 마지막 페이지가 몇 페이지인지 기억해 두고 해당 페이지 정보를 파이썬을 통해서 모두 가져오겠습니다. 우선 배당 페이지에 보이는 표 데이터를 긁어 오겠습니다. 배당 주식 정보를 가져오기 위해서 아래 코드를 입력하세요.

```
from bs4 import BeautifulSoup
from io import StringIO
import requests
import pandas as pd
import time

url = requests.get("https://finance.naver.com/sise/dividend_list.naver?&page=1")
html = BeautifulSoup(url.text)
```

```
table = html.find("table", class_ = "type_1 tb_ty")
table = StringIO(str(table))
table = pd.read_html(table, header = 1)[0]
table.dropna(subset = "종목명", inplace = True)
table
```

	종목명	현재가	기준월	배당금	수익률 (%)	배당성향 (%)	ROE (%)	PER (배)	PBR (배)	1년전	2년전	3년전
1	한국패러렐	240.0	23.12	2168.0	903.33	-	-	-	-	390.0	90	235
2	스타리츠	3700.0	23.12	961.0	25.97	220.22	5.24	26.77	1.51	1572.0	200	150
3	예스코홀딩스	42400.0	23.12	8750.0	20.64	157.91	4.99	8.38	0.30	2500.0	2250	2000
4	인화정공	13100.0	23.12	2250.0	17.18	817.65	1.47	43.53	0.63	0.0	0	0
5	에이블씨엔씨	9310.0	24.04	1427.0	15.33	605.02	6.05	28.98	2.01	0.0	0	0

그림 2-16

[코드 설명]
- HTTP GET 요청:
  - url = requests.get("https://finance.naver.com/sise/dividend_list.naver?&page=1")은 네이버 금융의 배당 리스트 페이지에 HTTP GET 요청을 보냅니다.

- HTML 파싱:
  - html = BeautifulSoup(url.text)는 requests로 가져온 HTML 문서를 BeautifulSoup를 사용하여 파싱합니다.

- 특정 테이블 찾기:
  - table = html.find("table", class_="type_1 tb_ty")는 클래스가 type_1 tb_ty 인 <table> 요소를 찾습니다.
  - find 메서드는 첫 번째로 일치하는 요소를 반환합니다.

- 테이블 문자열로 변환 및 파일처럼 다루기:
  - table = StringIO(str(table))는 <table> 요소를 문자열로 변환한 후, 이를 StringIO 객체로 변환합니다.
  - 이렇게 하면 판다스 pd.read_html 함수가 문자열을 파일처럼 읽을 수 있습니다.

- HTML 테이블을 판다스 데이터 프레임으로 변환:
  - table = pd.read_html(table, header=1)[0]은 HTML 테이블을 판다스 데이터 프레임으로 변환합니다.
  - header=1은 테이블의 두 번째 행(인덱스 1)이 헤더 행임을 지정합니다.

- pd.read_html 함수는 HTML 테이블을 데이터 프레임 리스트로 반환하므로, [0]을 사용하여 첫 번째 데이터 프레임을 선택합니다.
- 결측값 제거:
  - table.dropna(subset=["종목명"], inplace=True)는 종목명 열에 결측값이 있는 행을 제거합니다.
  - inplace=True는 원본 데이터 프레임을 직접 수정합니다.
- 데이터 프레임 출력:
  - table을 출력하여 결과를 확인합니다.

배당 페이지에 있는 모든 배당 데이터를 가져오는 데 성공했습니다! 이번에는 모든 배당 페이지에 있는 표를 긁어와서 하나의 데이터 프레임으로 만들어 보겠습니다. 아래 코드를 입력하세요.

```
from tqdm import tqdm

total = []

for n in tqdm(range(1, 28)):

    url = requests.get(f"https://finance.naver.com/sise/dividend_list.naver?&page={n}")
    html = BeautifulSoup(url.text)

    table = html.find("table", class_ = "type_1 tb_ty")
    table = StringIO(str(table))
    table = pd.read_html(table, header = 1)[0]
    table.dropna(subset = "종목명", inplace = True)
    total.append(table)
    time.sleep(1)

total_table = pd.concat(total, ignore_index=True)
total_table
```

	종목명	현재가	기준월	배당금	수익률 (%)	배당성향 (%)	ROE (%)	PER (배)	PBR (배)	1년전	2년전	3년전
0	한국패러렐	240.0	23.12	2168.0	903.33	-	-	-	-	390.0	90	235
1	스타리츠	3685.0	23.12	961.0	26.08	220.22	5.24	26.77	1.51	1572.0	200	150
2	예스코홀딩스	42400.0	23.12	8750.0	20.64	157.91	4.99	8.38	0.30	2500.0	2250	2000
3	인화정공	13100.0	23.12	2250.0	17.18	817.65	1.47	43.53	0.63	0.0	0	0
4	에이블씨엔씨	9300.0	24.04	1427.0	15.34	605.02	6.05	28.98	2.01	0.0	0	0
...	...	...	...	...	...	...	...	...	...	...	...	...
1302	인텔리안테크	67200.0	23.12	100.0	0.15	19.0	2.44	131.8	2.77	97.0	97.0	92
1303	삼아알미늄	69400.0	23.12	100.0	0.14	43.19	1.73	451.3	6.14	250.0	200.0	100
1304	카카오	45600.0	24.02	61.0	0.13	-2.64	-10.26	-23.85	2.44	60.0	53.0	30
1305	포스코퓨처엠	261500.0	24.03	250.0	0.10	67.39	1.19	968.22	11.83	300.0	300.0	285
1306	LS머트리얼즈	29600.0	24.03	22.0	0.07	12.24	8.7	207.43	16.62	45.0	0.0	-

1307 rows × 12 columns

그림 2-17

[코드 설명]
- tqdm 라이브러리 가져오기:
  - from tqdm import tqdm은 반복문 진행 상태를 표시하는 진행 막대를 생성하는 라이브러리 tqdm을 가져옵니다.

- 빈 리스트 초기화:
  - total = []는 모든 페이지에서 수집한 데이터를 저장할 빈 리스트를 초기화합니다.

- 반복문을 사용하여 여러 페이지 데이터 수집:
  - for n in tqdm(range(1, 28)):은 1부터 27까지의 숫자를 반복합니다. 이 숫자는 네이버 금융 배당 리스트 페이지의 번호를 나타냅니다.
  - tqdm을 사용하여 반복문 진행 상태를 시각적으로 표시합니다.

- HTTP GET 요청:
  - url = requests.get(f"https://finance.naver.com/sise/dividend_list.naver?&page={n}")은 각 페이지에 대해 HTTP GET 요청을 보냅니다.
  - n은 현재 페이지 번호를 나타내며, f-string을 사용하여 URL에 포함됩니다.

- HTML 파싱:
  - html = BeautifulSoup(url.text)는 requests로 가져온 HTML 문서를 BeautifulSoup를 사용하여 파싱합니다.

- 특정 테이블 찾기:
  - table = html.find("table", class_="type_1 tb_ty")는 클래스가 "type_1 tb_ty"인 <table> 요소를 찾습니다.

- 테이블 문자열로 변환 및 파일처럼 다루기:
  - table = StringIO(str(table))는 <table> 요소를 문자열로 변환한 후, 이를 StringIO 객체로 변환합니다.

- HTML 테이블을 판다스 데이터 프레임으로 변환:
  - table = pd.read_html(table, header=1)[0]은 HTML 테이블을 판다스 데이터 프레임으로 변환합니다.
  - header=1은 테이블의 두 번째 행(인덱스 1)이 헤더 행임을 지정합니다.
  - pd.read_html 함수는 HTML 테이블을 데이터 프레임 리스트로 반환하므로, [0]을 사용하여 첫 번째 데이터 프레임을 선택합니다.

- 결측값 제거:
  - table.dropna(subset=["종목명"], inplace=True)는 종목명 열에 결측값이 있는 행을 제거합니다.
  - inplace=True는 원본 데이터 프레임을 직접 수정합니다.

- 수집한 테이블을 리스트에 추가:
  - total.append(table)는 현재 페이지의 데이터를 total 리스트에 추가합니다.

- 지연 시간 추가:
  - time.sleep(1)은 각 요청 사이에 1초 지연 시간을 추가하여 서버에 과도한 요청을 보내지 않도록 합니다.

- 모든 페이지 데이터 결합:
  - total_table = pd.concat(total, ignore_index=True)은 total 리스트에 있는 모든 데이터 프레임을 하나의 데이터 프레임으로 결합합니다.
  - ignore_index=True는 새로운 데이터 프레임의 인덱스를 무시하고, 0부터 시작하는 인덱스를 재설정합니다.

- 결과 출력:
  - total_table을 출력하여 결과를 확인합니다.

이렇게 모든 페이지 정보를 가져오는 데 성공했습니다! 총 1,307개의 배당 종목을 찾았습니다. 이제 가장 배당금을 잘 주는 배당 수익률이 가장 높은 10개의 종목을 순서대로 정렬해서 출력해 보겠습니다. (참고로 배당 수익률이란 연간 배당금에서 주식의 현재 가격을 나누고 100을 곱한 값입니다. 예를 들어 어떤 회사의 주식이 현재 50,000원이고, 연간 배당금이 2,500원이라면 배당 수익률은 5%가 됩니다.) 아래 코드를 입력하세요.

```
total_table.sort_values("수익률 (%)", ascending = False).head(10)
```

	종목명	현재가	기준월	배당금	수익률 (%)	배당성향 (%)	ROE (%)	PER (배)	PBR (배)	1년전	2년전	3년전
0	한국패러랠	240.0	23.12	2168.0	903.33	-	-	-	-	390.0	90	235
1	스타리츠	3685.0	23.12	961.0	26.08	220.22	5.24	26.77	1.51	1572.0	200	150
2	예스코홀딩스	42400.0	23.12	8750.0	20.64	157.91	4.99	8.38	0.30	2500.0	2250	2000
3	인화정공	13100.0	23.12	2250.0	17.18	817.65	1.47	43.53	0.63	0.0	0	0
4	에이블씨엔씨	9300.0	24.04	1427.0	15.34	605.02	6.05	28.98	2.01	0.0	0	0
5	오상헬스케어	13890.0	23.12	2000.0	14.40	21.62	47.25	-	0.00	3000.0	1000	2000
6	신한알파리츠	6400.0	24.03	828.0	12.94	-	-	-	-	372.0	352	302
7	NH프라임리츠	4375.0	23.11	531.0	12.14	58.40	12.18	6.12	0.71	225.0	248	246
8	크레버스	17670.0	23.12	2000.0	11.32	110.97	33.62	12.71	3.15	1800.0	2000	800
9	마스턴프리미어리츠	2915.0	23.09	305.0	10.46	-73.35	-4.24	-13.64	0.60	111.0	-	-

그림 2-18

[코드 설명]
- 데이터 정렬:
  - total_table.sort_values("수익률 (%)", ascending=False)는 total_table 데이터 프레임을 수익률(%) 열을 기준으로 내림차순으로 정렬합니다.
  - ascending=False는 큰 값부터 작은 값 순서로 정렬한다는 의미입니다.
- 상위 10개 행 선택:
  - .head(10)는 정렬된 데이터 프레임에서 상위 10개 행을 선택합니다.

2024년 5월 23일 기준으로는 가장 배당금을 잘 주는 회사는 한국패러랠이고, 다음으로는 스타리츠, 예스코홀딩스 순으로 배당금을 잘 주는 것을 알 수가 있습니다. 다만 배당금이 900% 이상 말도 안 되게 높은 경우엔 주식 가격이 급격하게 하락했다거나 특별배당금이 지급된 특별한 케이스라 현실적이지 않은 배당 수익률을 가지고 있는 종목은 피하시는 게 좋습니다.

5) 4년 연속 배당금이 상승한 종목 찾기

이번에는 4년 연속으로 배당금을 올려준 종목을 발굴해 보겠습니다. 수집한 데이터 프레임을 3년 전 배당금, 2년 전 배당금, 1년 전 배당금 그리고 현재 배당금 총 4개의 배당금에 대한 정보가 데이터 프레임에 표시되어 있습니다. 따라서 4년 연속 배당금이 상승했던 주식을 찾을 수 있습니다. 4년 연속 배당금이 상승한 종목을 찾기 위해서 아래 코드를 입력하세요.

```
total_table = total_table.replace("-", 0)
total_table = total_table.dropna(subset = ['배당금', '1년전', '2년전', '3년전'])

total_table['배당금'] = total_table['배당금'].astype(int)
total_table['1년전'] = total_table['1년전'].astype(int)
total_table['2년전'] = total_table['2년전'].astype(int)
total_table['3년전'] = total_table['3년전'].astype(int)

A = total_table['3년전'] < total_table['2년전']
B = total_table['2년전'] < total_table['1년전']
C = total_table['1년전'] < total_table['배당금']

total_table[A & B & C]
```

	종목명	현재가	기준월	배당금	수익률 (%)	배당성향 (%)	ROE (%)	PER (배)	PBR (배)	1년전	2년전	3년전
2	예스코홀딩스	45550.0	23.12	8750	19.21	157.91	4.99	8.38	0.30	2500	2250	2000
5	신한알파리츠	6170.0	24.03	828	13.42	727.40	1.68	76.30	1.14	372	352	302
11	제이알글로벌리츠	4140.0	23.12	385	9.30	165.86	2.61	34.70	0.94	373	366	147
12	미래에셋맵스리츠	3110.0	23.11	284	9.14	48.98	6.17	10.72	0.66	279	268	129
26	이지스밸류리츠	5130.0	24.02	412	8.03	36.77	7.99	7.99	0.56	351	293	203
...	...	...	...	...	...	...	...	...	...	...	...	...
1242	덴티움	117800.0	23.12	400	0.34	3.57	23.02	15.02	2.43	300	250	200
1254	삼양식품	668000.0	23.12	2100	0.31	12.4	24.81	12.89	2.85	1400	1000	800
1268	솔브레인홀딩스	71800.0	23.12	200	0.28	4.54	7.63	10.21	0.74	170	150	0
1295	한미약품	277000.0	23.12	490	0.18	4.25	16.00	30.88	4.68	481	471	462
1301	카카오	41150.0	24.02	61	0.15	-2.64	-10.26	-23.85	2.44	60	53	30

140 rows × 12 columns

그림 2-19

[코드 설명]
- 데이터 수정 - "-" 값 대체:
  - total_table = total_table.replace("-", 0)는 total_table 데이터 프레임에서 모든 "-" 값을 0으로 대체합니다.

- 결측값 제거:
  - total_table = total_table.dropna(subset=['배당금', '1년전', '2년전', '3년전'])는 배당금, 1년 전, 2년 전, 3년 전 열에 결측값이 있는 행을 제거합니다.
  - subset 매개변수는 확인할 열 목록을 지정합니다.

- 데이터 타입 변환:
  - total_table['배당금'] = total_table['배당금'].astype(int): 배당금 열의 값을 정수형으로 변환합니다.
  - total_table['1년전'] = total_table['1년전'].astype(int): 1년 전 열의 값을 정수형으로 변환합니다.
  - total_table['2년전'] = total_table['2년전'].astype(int): 2년 전 열의 값을 정수형으로 변환합니다.
  - total_table['3년전'] = total_table['3년전'].astype(int): 3년 전 열의 값을 정수형으로 변환합니다.

- 조건 설정:
  - A = total_table['3년전'] < total_table['2년전']: 3년 전 배당금이 2년 전 배당금보다 작은지 확인하는 조건입니다.
  - B = total_table['2년전'] < total_table['1년전']: 2년 전 배당금이 1년 전 배당금보다 작은지 확인하는 조건입니다.
  - C = total_table['1년전'] < total_table['배당금']: 1년 전 배당금이 현재 배당금보다 작은지 확인하는 조건입니다.

- 조건 결합 및 필터링:
  - total_table[A & B & C]은 조건 A, B, C를 모두 만족하는 행만 필터링하여 반환합니다.
  - A & B & C는 논리적 AND 연산자로 각 조건을 결합합니다.

총 1,307개의 종목 중에 4년 연속 배당금이 상승한 주식 140개를 발굴했습니다! 만약 배당금을 중요시하게 생각하시는 분이라면 지금 발굴한 종목들을 참고하세요.

CHAPTER **3**

주식 선별 전략

1. 주식 가격 데이터 불러오기
2. 이동 평균선
3. 상대 강도 지수
4. 볼린저 밴드
5. 포트폴리오 이론
6. 효율적 투자선
7. 최고의 투자 비율 찾기
8. 몬테카를로 시뮬레이션
9. 샤프 지수

1. 주식 가격 데이터 불러오기

FinanceDataReader는 주로 금융 데이터에 대한 분석 목적으로 사용되는 파이썬 라이브러리입니다. 이 라이브러리는 다양한 금융 시장의 주식 가격, 지수, 환율 등을 쉽게 가져올 수 있게 해주며, 데이터 수집을 위한 여러 API를 통합하여 사용자가 더 편리하게 데이터를 이용할 수 있도록 설계되었습니다.

1) FinanceDataReader 설치하기

먼저 아나콘다 파이썬에 FinanceDataReader를 설치해야 합니다. 윈도우 검색창에 "Anaconda Prompt"를 입력하면 아래와 같은 아이콘이 나타납니다.

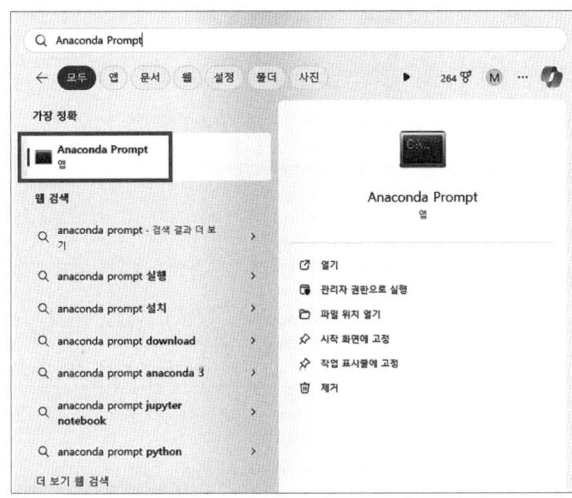

그림 3-1

해당 아이콘을 클릭하면 아래와 같은 창이 나타납니다. 이 창에 "pip install finance-datareader"를 입력한 후 엔터 키를 눌러 실행하세요. 실행하면 자동으로 아나콘다 파이썬에 FinanceDataReader 라이브러리가 설치됩니다.

그림 3-2

2) 주요 특징 및 기능

- **다양한 데이터 소스 지원**: FinanceDataReader는 미국, 한국, 일본 등 다양한 국가의 주식 데이터뿐만 아니라, 글로벌 지수, 환율, 암호화폐 등 광범위한 금융 데이터를 제공합니다. 주요 데이터 소스로는 Yahoo Finance, Google Finance, Naver Finance 등이 있습니다.

- **간단한 사용법**: 이 라이브러리는 매우 직관적인 API를 제공하여 사용자가 몇 줄의 코드만으로 원하는 데이터를 쉽게 가져올 수 있습니다. 데이터는 Pandas DataFrame 형태로 반환되어, 추가적인 데이터 처리나 분석이 용이합니다.

- **효율적인 데이터 처리**: FinanceDataReader는 데이터를 가져오는 과정에서 발생할 수 있는 여러 문제(예: 누락 데이터 처리, 타임존 문제 등)를 자동으로 처리해 줍니다. 따라서 사용자는 데이터 정제에 드는 수고를 덜 수 있습니다.

이제 FinanceDataReader를 이용해서 삼성전자 주식 데이터를 가져와 보겠습니다. Jupyter Notebook에서 아래 코드를 입력하고 실행해 보세요.

```
import FinanceDataReader as fdr

# 삼성전자의 2020년 데이터 가져오기
```

```
df = fdr.DataReader('005930')
df
```

Date	Open	High	Low	Close	Volume	Change
2000-03-03	6200	6250	5880	6000	2819891	NaN
2000-03-06	6000	6050	5600	5640	783020	-0.060000
2000-03-07	5600	5640	5480	5620	601414	-0.003546
2000-03-08	5520	6000	5500	5920	649288	0.053381
2000-03-09	5970	5980	5620	5620	1117890	-0.050676
...	...	...	...	...	...	...
2024-06-19	81100	82500	80500	81200	24168863	0.017544
2024-06-20	81500	82200	81200	81600	20288913	0.004926
2024-06-21	80700	80800	80000	80000	17907523	-0.019608
2024-06-24	79700	80900	79500	80600	15454227	0.007500
2024-06-25	80600	81800	80100	81600	9840449	0.012407

6000 rows × 6 columns

그림 3-3

[코드 설명]
- FinanceDataReader 라이브러리 가져오기:
  - import FinanceDataReader as fdr: 주식 데이터를 가져오는 데 사용되는 FinanceDataReader 라이브러리를 fdr라는 별칭으로 가져옵니다.

- 삼성전자의 주식 데이터 가져오기:
  - df = fdr.DataReader('005930'): '005930'은 삼성전자의 종목 코드입니다. 이 코드는 삼성전자의 모든 주식 데이터를 가져옵니다.
  - fdr.DataReader('005930')는 종목 코드 '005930'에 해당하는 주식 데이터를 판다스 데이터프레임 형식으로 반환합니다.
  - 이 데이터 프레임 df에는 주식의 날짜별 가격, 거래량 등 다양한 정보가 포함됩니다.

- 데이터 출력:
  - df를 출력하여 삼성전자의 주식 데이터를 확인합니다.

이 코드는 '005930'(삼성전자의 주식 코드)에 대한 주식 데이터를 가져와 출력합니다. fdr의 DataReader() 함수 안에 주식 코드명을 입력하면 해당하는 주식 가격 데이터를 가져올 수 있습니다. 결과는 날짜, 시작가, 최고가, 최저가, 종가, 거래량 등 주식 시장에서 중요한 여러 정보를 포함하고 있습니다.

3) 활용 분야

- **투자 분석 및 전략 개발**: FinanceDataReader로 얻은 데이터를 바탕으로 투자 전략을 수립하고 백테스팅을 수행할 수 있습니다.
- **교육 및 연구 목적**: 학계나 교육 기관에서 금융 시장에 대한 연구나 학습 자료로 활용될 수 있습니다.
- **시장 분석**: 다양한 국가와 자산의 데이터를 분석하여 글로벌 경제 상황을 파악할 수 있습니다.

FinanceDataReader는 파이썬을 사용하는 금융 분석가들에게 강력한 도구를 제공하여, 데이터 기반의 의사 결정을 지원하는 데 큰 도움을 줍니다.

2. 이동 평균선

이동 평균선(Moving Average, MA)은 주식, 외환, 기타 금융 시장에서 주요한 기술적 분석 도구 중 하나로 사용됩니다. 이는 특정 기간의 평균 가격을 계산하여, 가격 데이터의 노이즈를 줄이고 시장의 방향성을 파악하기 위해 사용됩니다.

1) 이동 평균선의 장점

- **트렌드 파악**: 이동 평균선은 장기적인 가격 트렌드를 확인하는 데 유용합니다. 예를 들어, 주가가 이동 평균선 위에 위치하면 상승 추세, 아래에 위치하면 하락 추세를 나타낼 수 있습니다.
- **지지 및 저항 수준**: 이동 평균선은 가격의 지지 또는 저항 수준으로 작용할 수 있습니다. 가격이 이동 평균선을 돌파하면 새로운 매수 또는 매도 신호로 해석될 수 있습니다.
- **신호 필터링**: 노이즈와 장기적이지 않은 가격 변동을 필터링하여, 더 명확한 시장의 동향을 제공합니다.

2) 단순 이동 평균

단순 이동 평균(Simple Moving Average, SMA)은 주식이나 다른 금융 자산의 평균 가격을 일정 기간 계산하여 나타내는 기술적 분석 도구입니다. SMA는 특정 기간의 종가를 모두 더한 후 그 기간의 숫자로 나누어 계산합니다. 이 방법은 가격 데이터의 랜덤한 변동성을 줄이고, 시장의 전반적인 방향성을 보여주는 데 유용합니다.

- **매수 신호**: 주식 가격이 단순 이동 평균선을 하향에서 상향으로 돌파할 때 매수 신호로 간주할 수 있습니다. 이는 가격 추세가 상승 전환을 나타내는 신호로 볼 수 있습니다.
- **매도 신호**: 반대로, 주식 가격이 단순 이동 평균선을 상향에서 하향으로 돌파할 때 매도 신호로 해석됩니다. 이는 하락 추세의 시작을 의미할 수 있습니다.

간단하게 삼성전자 주가 데이터를 활용해서 단순 이동 평균선을 그려 보겠습니다.

```python
import FinanceDataReader as fdr
import matplotlib.pyplot as plt
import warnings

warnings.filterwarnings("ignore")

df = fdr.DataReader("005930")
df2 = df[df.index.year >= 2023]

df2['MA20'] = df2['Close'].rolling(window = 20).mean()

plt.plot(df2['Close'])
plt.plot(df2['MA20'])
plt.legend(['Close', 'MA20'])
plt.xticks(rotation = 90)
plt.grid(axis = 'y')
plt.show()
```

그림 3-4

[코드 설명]
- 필요한 라이브러리 가져오기:
  - import FinanceDataReader as fdr: 주식 데이터를 가져오는 데 사용되는 Finance DataReader 라이브러리를 fdr라는 별칭으로 가져옵니다.
  - import matplotlib.pyplot as plt: 데이터 시각화를 위한 matplotlib.pyplot 라이브러리를 plt라는 별칭으로 가져옵니다.
  - import warnings: 경고 메시지 필터링을 위한 라이브러리입니다.

- 경고 메시지 무시 설정:
  - warnings.filterwarnings("ignore"): 경고 메시지를 무시하도록 설정합니다.

- 삼성전자의 주식 데이터 가져오기:
  - df = fdr.DataReader("005930"): '005930'은 삼성전자의 종목 코드입니다. 이 코드는 삼성전자의 모든 주식 데이터를 가져옵니다.

- 2023년 이후 데이터 필터링:
  - df2 = df[df.index.year >= 2023]: 데이터 프레임 df에서 2023년 이후의 데이터를 필터링하여 df2에 저장합니다.

- 20일 이동 평균 계산:
  - df2['MA20'] = df2['Close'].rolling(window=20).mean(): 20일 이동 평균을 계산하여 df2 데이터 프레임의 MA20 열에 저장합니다.
  - rolling(window=20).mean()은 20일간의 이동 평균을 계산합니다.
- 주가와 이동 평균 시각화:
  - plt.plot(df2['Close']): df2 데이터 프레임의 Close 열을 시각화합니다.
  - plt.plot(df2['MA20']): df2 데이터 프레임의 MA20 열을 시각화합니다.
  - plt.legend(['Close', 'MA20']): 범례를 추가합니다.
  - plt.xticks(rotation=90): x축의 눈금 라벨을 90도 회전시킵니다.
  - plt.grid(axis='y'): y축에 그리드를 추가합니다.
  - plt.show(): 그래프를 출력합니다.

그림을 통해 현재 삼성전자 주식은 평균 가격보다 낮게 거래되고 있음을 알 수 있습니다. 어떻게 보면 매수 신호라고 볼 수도 있겠죠?

3) 지수 이동 평균

단순 이동 평균에는 아주 큰 단점이 있었습니다. 바로 지연입니다. 아무래도 단순 이동 평균은 과거 데이터를 기반으로 계산되어 최신 시장 변호에 대해 반응이 늦을 수밖에 없습니다. 이러한 문제를 해결하기 위해 이번에는 지수 이동 평균에 대해서 알아보겠습니다. 지수 이동 평균(Exponential Moving Average, EMA)은 최근 가격에 더 많은 가중치를 주어 계산하는 방식으로, 데이터 포인트 간의 시간 간격이 일정하다고 가정할 때 특히 유용합니다.

- **매수 신호**: 주식 가격이 EMA 선 아래에서 위로 이동할 때 이는 상승 추세로 전환될 수 있는 강력한 신호로 간주합니다.
- **매도 신호**: 주식 가격이 EMA 선 위에서 아래로 이동할 때 이는 하락 추세로 진환될 수 있는 초기 신호로 해석됩니다. 투자자들은 이 신호를 보고 주식을 매도하거나 짧은 포지션을 취할 수 있습니다.

이번에는 삼성전자 주식 가격에 대해서 지수 이동 평균선을 그려보겠습니다.

```python
import FinanceDataReader as fdr
import matplotlib.pyplot as plt

df = fdr.DataReader("005930")
df = df[df.index.year >= 2023]

# 종가를 기반으로 하는 20일 지수 이동 평균(EMA) 계산
df['EMA20'] = df['Close'].ewm(span=20, adjust=False).mean()

plt.plot(df['Close'])
plt.plot(df['EMA20'])
plt.legend(['Close', 'EMA20'])
plt.xticks(rotation = 90)
plt.grid(axis = 'y')
plt.show()
```

그림 3-5

[코드 설명]
- 필요한 라이브러리 가져오기:
  - import FinanceDataReader as fdr: 주식 데이터를 가져오는 데 사용되는 FinanceDataReader 라이브러리를 fdr라는 별칭으로 가져옵니다.
  - import matplotlib.pyplot as plt: 데이터 시각화를 위한 matplotlib.pyplot 라이브러리를 plt라는 별칭으로 가져옵니다.

- 삼성전자의 주식 데이터 가져오기:
  - df = fdr.DataReader("005930"): '005930'은 삼성전자의 종목 코드입니다. 이 코드는 삼성전자의 모든 주식 데이터를 가져옵니다.

- 2023년 이후 데이터 필터링:
  - df = df[df.index.year >= 2023]: 데이터 프레임 df에서 2023년 이후의 데이터를 필터링합니다.

- 20일 지수 이동 평균(EMA) 계산:
  - df['EMA20'] = df['Close'].ewm(span=20, adjust=False).mean(): 20일 지수 이동 평균을 계산하여 df 데이터 프레임의 EMA20 열에 저장합니다.
  - ewm(span=20, adjust=False).mean()은 지수 이동 평균(Exponential Moving Average)을 계산하는 메서드입니다. 여기서 span = 20은 20일간의 기간을 의미합니다.

- 주가와 EMA 시각화:
  - plt.plot(df['Close']): df 데이터 프레임의 Close 열을 시각화합니다.
  - plt.plot(df['EMA20']): df 데이터 프레임의 EMA20 열을 시각화합니다.
  - plt.legend(['Close', 'EMA20']): 범례를 추가합니다.
  - plt.xticks(rotation=90): x축의 눈금 라벨을 90도 회전시킵니다.
  - plt.grid(axis='y'): y축에 그리드를 추가합니다.
  - plt.show(): 그래프를 출력합니다.

이렇게 계산된 EMA 값은 트레이딩 전략에서 중요한 지표로 사용되며, 특히 단기 거래에서 시장의 트렌드 변화를 빠르게 감지하는 데 유용합니다. 이 코드를 통해 생성된 'EMA20' 컬럼은 각 거래일에 대한 20일 지수 이동 평균값을 포함하고 있어, 이를 통해 시장의 중기적 트렌드를 분석할 수 있습니다.

지수 이동 평균을 통해서 봤을 때도 여전히 삼성전자 주식 가격은 평균 가격보다 낮게 거래되고 있음을 알 수 있습니다.

4) EMA를 활용해서 추천 종목 발굴하기

이번에는 EMA를 활용해서 각 종목의 평균 가격보다 아래에 있는 종목들을 발굴해 보겠습니다.

```
stocks = fdr.StockListing("KRX")
for i in range(len(stocks)):

    stock = stocks.iloc[i]
    code = stock['Code']
    name = stock['Name']

    df = fdr.DataReader("NAVER:" + code)
    df['EMA20'] = df['Close'].ewm(span=20, adjust=False).mean()

    today_data = df.iloc[-1]
    if today_data['Close'] < today_data['EMA20']:
        print(name)
```

```
LG에너지솔루션
삼성바이오로직스
셀트리온
...생략
POSCO홀딩스
NAVER
삼성SDI
```

[코드 설명]
- KRX 상장 종목 목록 가져오기:
  - stocks = fdr.StockListing("KRX"):
    - FinanceDataReader를 사용하여 KRX에 상장된 모든 종목의 목록을 가져옵니다.

- 각 종목별 데이터 처리:
  - for i in range(len(stocks))::
    - 모든 종목에 대해 반복합니다.
  - stock = stocks.iloc[i]:
    - stocks 데이터 프레임의 i 번째 행을 가져옵니다.
  - code = stock['Code']:
    - 종목 코드를 가져옵니다.
  - name = stock['Name']:
    - 종목 이름을 가져옵니다.

- df = fdr.DataReader("NAVER:" + code):
  - 종목 코드를 사용하여 주식 데이터를 가져옵니다.

- EMA20 계산:
  - df['EMA20'] = df['Close'].ewm(span=20, adjust=False).mean():
  - 20일 지수 이동 평균(EMA)을 계산하여 df 데이터 프레임에 추가합니다.
  - span=20은 20일 EMA를 계산하는 것을 의미합니다.
  - adjust=False는 EMA 계산 시 조정하지 않음을 의미합니다.

- 오늘의 데이터 가져오기:
  - today_data = df.iloc[-1]:
  - df 데이터 프레임의 마지막 행을 가져옵니다.

- 조건 검사 및 종목 이름 출력:
  - if today_data['Close'] < today_data['EMA20']::
  - 오늘의 종가가 20일 EMA보다 낮으면 조건이 참이 됩니다.
  - 조건이 참이면 print(name):
  - 종목 이름을 출력합니다.

이 코드는 KRX에 상장된 모든 종목에 대해 주식 데이터를 가져와 각 종목의 오늘 종가가 20일 지수 이동 평균(EMA20)보다 낮은지를 확인합니다. 그리고 조건을 만족하는 종목의 이름을 출력합니다. 이를 통해 오늘의 종가가 20일 EMA보다 낮은 종목을 식별할 수 있습니다. 이는 기술적 분석에서 종종 사용되는 전략 중 하나로, 종가가 EMA보다 낮은 종목은 잠재적인 매수 신호로 해석될 수 있습니다.

3. 상대 강도 지수

상대 강도 지수(Relative Strength Index, RSI)는 주식이나 다른 금융 자산의 가격 움직임의 속도와 변화를 측정하는 모멘텀 오실레이터입니다. 1978년에 존 웰스 와일더 주니어(John Welles Wilder Jr.)가 개발한 이 지표는 기술적 분석에서 널리 사용되며, 자산의 과매수 또는 과매도 상태를 판단하는 데 효과적인 도구입니다.

1) 계산 방법

RSI는 일정 기간의 평균 상승 폐쇄 가격과 평균 하락 폐쇄 가격의 비율을 통해 계산됩니다. 일반적으로 14일 기간을 사용하며, 계산 공식은 다음과 같습니다.

- 일정 기간(보통 14일) 각 종가가 전일 종가보다 높은 날의 가격 변동을 모두 더한 후, 이를 일수로 나누어 평균 이득을 얻습니다.
- 마찬가지로, 종가가 전일보다 낮은 날의 가격 변동을 모두 더한 후, 이를 일수로 나누어 평균 손실을 계산합니다.
- 이후 RSI를 계산하는 공식은 다음과 같습니다.

$$RSI = 100 - \left(\frac{100}{1+RS}\right)$$

여기서 RS는 평균 이득과 평균 손실의 비율입니다.

2) RSI 값 해석

- **70 이상**: 과매수 상태로 간주하며, 가격이 상승할 가능성이 높아짐에 따라 가격 하락의 전환 가능성을 나타냅니다.
- **30 이하**: 과매도 상태로 간주하며, 가격이 하락한 후 반등할 가능성이 높아지는 것을 의미합니다.

3) 투자 신호

- **매수 신호**: RSI가 30 이하로 떨어진 후 다시 상승하기 시작하면 매수 신호로 간주할 수 있습니다. 이는 자산이 과매도 상태에서 벗어나고 있다는 신호입니다.
- **매도 신호**: RSI가 70 이상으로 올라간 후 하락하기 시작하면 매도 신호로 해석될 수 있습니다. 이는 자산이 과매수 상태를 벗어나 하락할 가능성이 있음을 나타냅니다.

이번에는 삼성전자 주가 데이터를 활용해서 RSI로 매수/매도 시점을 알아보겠습니다. 먼저 RSI 값을 구하는 함수를 구현하겠습니다.

```python
def calculate_rsi(data, window=14):
    """
    데이터 프레임의 'Close' 열을 사용하여 RSI 값을 계산합니다.

    :param data: 주식 데이터가 포함된 데이터 프레임
    :param window: RSI를 계산하기 위한 기간(기본값: 14일)
    :return: RSI가 포함된 데이터 프레임
    """

    close = data['Close']
    delta = close.diff()

    # 상승과 하락을 분리
    gain = delta.where(delta > 0, 0)
    loss = -delta.where(delta < 0, 0)

    # 이동 평균 계산
    avg_gain = gain.rolling(window=window, min_periods=1).mean()
    avg_loss = loss.rolling(window=window, min_periods=1).mean()
```

```
# RS 및 RSI 계산
rs = avg_gain / avg_loss
rsi = 100 - (100 / (1 + rs))

return rsi
```

[코드 설명]
- close = data['Close']는 데이터 프레임 data에서 'Close' 열을 추출하여 close 변수에 저장합니다.
- delta = close.diff()는 close 값의 변화량을 계산하여 delta 변수에 저장합니다.

- 상승과 하락을 분리:
  - gain = delta.where(delta > 0, 0)는 delta 값이 양수인 경우 해당 값을, 그렇지 않으면 0을 반환하여 gain 변수에 저장합니다.
  - loss = -delta.where(delta < 0, 0)는 delta 값이 음수인 경우 해당 값의 절댓값을, 그렇지 않으면 0을 반환하여 loss 변수에 저장합니다.

- 이동 평균 계산:
  - avg_gain = gain.rolling(window=window, min_periods=1).mean()은 주어진 기간(window)의 평균 상승분을 계산하여 avg_gain 변수에 저장합니다.
  - avg_loss = loss.rolling(window=window, min_periods=1).mean()은 주어진 기간의 평균 하락분을 계산하여 avg_loss 변수에 저장합니다.

- RS 및 RSI 계산:
  - rs = avg_gain / avg_loss는 평균 상승분을 평균 하락분으로 나누어 RS(Relative Strength)를 계산하여 rs 변수에 저장합니다.
  - rsi = 100 - (100 / (1 + rs))는 RS를 사용하여 RSI(Relative Strength Index)를 계산하여 rsi 변수에 저장합니다.

- return rsi는 계산된 RSI 값을 반환합니다.

이제 RSI 함수 삼성전자 주식 데이터에 적용해 보겠습니다.

```
import FinanceDataReader as fdr
import matplotlib.pyplot as plt
import warnings

warnings.filterwarnings("ignore")

df = fdr.DataReader("005930")
```

```
df['RSI'] = calculate_rsi(df)
df = df.dropna()
df
```

Date	Open	High	Low	Close	Volume	Change	RSI
2000-01-26	5500	5520	5410	5480	585734	0.007353	100.000000
2000-01-27	5480	5620	5430	5520	558083	0.007299	100.000000
2000-01-28	5640	5880	5540	5820	766398	0.054348	100.000000
2000-01-31	5640	5730	5560	5580	792689	-0.041237	61.290323
2000-02-01	5600	5680	5260	5320	1429402	-0.046795	43.181818
...	...	...	...	...	...	...	...
2024-05-10	80400	81100	78900	79200	16976124	-0.006274	48.850575
2024-05-13	79400	79900	77600	78400	18652344	-0.010101	52.469136
2024-05-14	78600	78800	77900	78300	11763992	-0.001276	57.432432
2024-05-16	80200	80300	78100	78200	20989778	-0.001277	59.440559
2024-05-17	78600	78800	77200	77400	15698949	-0.010230	45.000000

5999 rows × 7 columns

그림 3-6

[코드 설명]
- 라이브러리 임포트:
  - `import FinanceDataReader as fdr`는 주식 데이터를 가져오는 데 사용되는 FinanceDataReader 라이브러리를 fdr라는 이름으로 가져옵니다.
  - `import matplotlib.pyplot as plt`는 데이터 시각화를 위한 matplotlib.pyplot 라이브러리를 plt라는 이름으로 가져옵니다.
  - `import warnings`는 경고 메시지를 관리하는 warnings 라이브러리를 가져옵니다.
- 경고 메시지 무시 설정:
  - `warnings.filterwarnings("ignore")`는 경고 메시지를 무시하도록 설정합니다.
- 주식 데이터 가져오기:
  - `df = fdr.DataReader("005930")`는 '005930'이라는 삼성전자의 종목 코드를 사용하여 주식 데이터를 가져옵니다. 이 데이터는 데이터 프레임 df에 저장됩니다.

- RSI 계산 및 추가:
  - df['RSI'] = calculate_rsi(df)는 calculate_rsi 함수를 사용하여 df 데이터 프레임의 'Close' 열을 기반으로 RSI 값을 계산하고, 이를 df 데이터 프레임의 'RSI' 열에 추가합니다.
- 결측값 제거:
  - df = df.dropna()는 데이터 프레임 df에서 결측값이 있는 행을 제거합니다.
- 결과 반환:
  - df는 결측값이 제거된 최종 데이터 프레임을 반환합니다. 이 데이터 프레임은 삼성전자의 주식 데이터와 함께 RSI 값을 포함합니다.

RSI 값이 30 이하이면 매수 신호, 70 이상이면 매도 신호라고 했습니다. 정말로 이때마다 매수/매도를 할 경우에 큰 이득을 볼 수 있을까요? 시뮬레이션 시각화를 통해 알아보도록 하겠습니다.

```
import seaborn as sns
import matplotlib.pyplot as plt
import FinanceDataReader as fdr
import warnings

df = fdr.DataReader("005930")
df['RSI'] = calculate_rsi(df)
df = df.dropna()

# 새로운 열 'Signal' 추가하는 함수 정의
def get_signal(rsi):
    if rsi <= 30:
        return 'Buy'
    elif rsi >= 70:
        return 'Sell'
    else:
        return 'Hold'

# 데이터 프레임에 새로운 열 추가
df['Signal'] = df['RSI'].apply(get_signal)

plt.figure(figsize = (10, 5))
```

```
df2 = df[df.index.year >= 2023]

sns.lineplot(data=df2, x = df2.index, y = 'Close', hue = 'Signal')

plt.grid()
plt.show()
```

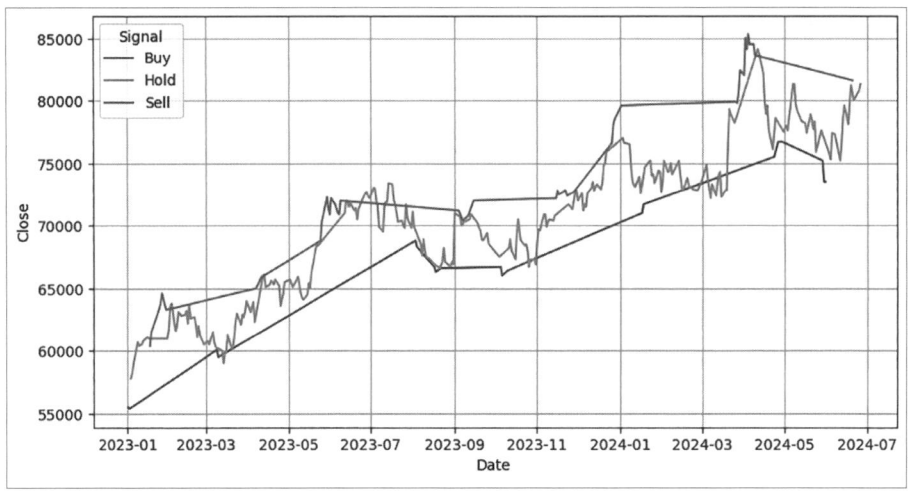

그림 3-7

[코드 설명]
- 라이브러리 임포트:
  - import seaborn as sns:
    - 데이터 시각화를 위한 seaborn 라이브러리를 가져옵니다.
  - import matplotlib.pyplot as plt:
    - 그래프를 그리기 위한 matplotlib.pyplot 라이브러리를 가져옵니다.
  - import FinanceDataReader as fdr:
    - 주식 데이터를 가져오는 FinanceDataReader 라이브러리를 가져옵니다.
  - import warnings:
    - 경고 메시지를 처리하기 위한 warnings 라이브러리를 가져옵니다.

- RSI 계산 함수 정의:
  - calculate_rsi(data, window=14):
    - RSI(Relative Strength Index)를 계산하는 함수를 정의합니다.
    - data.diff()는 데이터의 차이를 계산합니다.
    - delta.where(delta > 0, 0)는 양의 변화량을 계산합니다.
    - delta.where(delta < 0, 0)는 음의 변화량을 계산하고 부호를 반전시킵니다.

- gain.rolling(window=window, min_periods=1).mean()는 이동 평균을 계산합니다.
- rs = avg_gain / avg_loss는 상대 강도를 계산합니다.
- rsi = 100 - (100 / (1 + rs))는 RSI를 계산합니다.

- 주식 데이터 가져오기:
  - df = fdr.DataReader("005930"):
  - 삼성전자의 주식 데이터를 가져옵니다.
  - df["RSI"] - calculate_rsi(df):
  - 종가 데이터를 사용하여 RSI를 계산하고 새로운 열로 추가합니다.
  - df = df.dropna():
  - 결측값이 있는 행을 제거합니다.

- 신호 계산 함수 정의:
  - get_signal(rsi):
  - RSI 값을 기반으로 신호를 계산하는 함수를 정의합니다.
  - rsi <= 30인 경우 'Buy' 신호를 반환합니다.
  - rsi >= 70인 경우 'Sell' 신호를 반환합니다.
  - 그 외의 경우 'Hold' 신호를 반환합니다.

- 신호 열 추가:
  - df['Signal'] = df['RSI'].apply(get_signal):
  - apply 메서드를 사용하여 각 RSI 값에 대해 신호를 계산하고 새로운 열로 추가합니다.

- 그래프 설정 및 시각화:
  - plt.figure(figsize=(10, 5)):
  - 그래프 크기를 설정합니다.
  - df2 = df[df.index.year >= 2023]:
  - 2023년 이후의 데이터를 필터링하여 df2 데이터 프레임을 생성합니다.
  - sns.lineplot(data=df2, x=df2.index, y='Close', hue='Signal', palette={'Buy': 'green', 'Sell': 'red', 'Hold': 'blue'}):
  - seaborn 라이브러리를 사용하여 선그래프를 그립니다.
  - hue='Signal'은 신호에 따라 색상을 다르게 설정합니다.
  - palette는 각 신호에 대한 색상을 지정합니다.
  - plt.grid():
  - 그래프에 그리드를 추가합니다.
  - plt.title('Samsung Electronics Close Price with RSI Signals (2023)'):
  - 그래프 제목을 설정합니다.
  - plt.xlabel('Date'), plt.ylabel('Close Price'):
  - x축과 y축 레이블을 설정합니다.
  - plt.legend(title='Signal', loc='upper left'):
  - 범례를 설정합니다.
  - plt.show():
  - 그래프를 화면에 표시합니다.

이 코드는 삼성전자 주식 데이터에서 RSI를 계산하고, RSI 값에 따라 매수(Buy), 매도(Sell), 보유(Hold) 신호를 생성합니다. 2023년 이후의 데이터를 사용하여 종가와 RSI 신호를 시각화합니다. 신호에 따라 종가 그래프의 색상을 다르게 표시하여 신호의 변화를 시각적으로 확인할 수 있습니다. 앞 그림에서는 RSI 값이 70 이상이면 매도 신호로 초록색으로 표현했고, 30 이하이면 매수 신호로 파란색으로 표현했습니다. 실제로 확인해 보면 RSI 값이 70 이상이면 고점인 경우가 많고, RSI 값이 30 이하일 때는 저점인 경우가 많은 것을 확인했습니다!

4) RSI를 활용해서 추천 종목 발굴하기

앞에서 설명했듯 일반적으로 RSI 값이 30 이하라면, 매수 신호가 되며, 70 이상이라면 매도 신호가 됩니다. 2024년 5월 17일 기준 삼성전자의 RSI 값은 45이므로 매수/매도 시험 모두 아닌 것을 알 수 있습니다. 그럼 이번에는 우리나라 모든 주식 종목의 RSI 값을 계산하고 매수/매도 시점을 알아내 보죠. 먼저 우리나라의 모든 주식 종목에 대한 정보를 가져오겠습니다.

```
stocks = fdr.StockListing("KRX")[['Code', 'Name']]
stocks
```

	Code	Name
0	005930	삼성전자
1	000660	SK하이닉스
2	373220	LG에너지솔루션
3	207940	삼성바이오로직스
4	005935	삼성전자우
...	...	...
2803	002995	금호건설우
2804	217320	썬테크
2805	245450	씨앤에스링크
2806	236030	씨알푸드
2807	308700	테크엔

2808 rows × 2 columns

그림 3-8

[코드 설명]
- KRX 상장 종목 목록 가져오기:
  - stocks = fdr.StockListing("KRX")[['Code', 'Name']]는 FinanceDataReader 라이브러리를 사용하여 한국거래소(KRX)에 상장된 모든 종목의 목록을 가져옵니다.
  - fdr.StockListing("KRX")는 KRX 상장 종목의 전체 데이터를 포함하는 데이터 프레임을 반환합니다.
  - [['Code', 'Name']]는 전체 데이터 프레임에서 'Code' 열과 'Name' 열만 선택하여 새로운 데이터 프레임 stocks를 생성합니다.

- 결과 반환:
  - stocks는 'Code' 열과 'Name' 열만 포함된 데이터 프레임을 반환합니다. 이 데이터 프레임은 KRX에 상장된 모든 종목의 코드와 이름을 포함합니다.

이 코드는 최종적으로 KRX에 상장된 주식의 종목 코드와 이름을 포함하는 데이터 프레임을 생성하고, 이를 stocks 변수에 지정하여 출력합니다. 이를 통해 KRX에 상장된 모든 주식의 기본 정보를 간단하게 조회할 수 있습니다.

이렇게 우리나라 모든 종목 정보를 가져오는 데 성공했습니다! 이번에는 모든 종목에 대한 RSI 값을 순서대로 구하면서 매수/매도 신호를 가진 종목들을 찾아보겠습니다.

```
for i in range(len(stocks)):

    stock = stocks.iloc[i]
    code = stock['Code']
    name = stock['Name']

    df = fdr.DataReader("NAVER:" + code)
    df['RSI'] = calculate_rsi(df)

    today_data = df.iloc[-1]['RSI']

    if today_data > 70:
        print(f"{name} : 매도 신호!")
    elif today_data < 30:
        print(f"{name} : 매수 신호!")
```

```
KB금융 : 매도 신호!
신한지주 : 매도 신호!
포스코퓨처엠 : 매수 신호!
현대모비스 : 매수 신호!
에코프로비엠 : 매수 신호!
...
한화솔루션 : 매도 신호!
롯데케미칼 : 매도 신호!
SK아이이테크놀로지 : 매수 신호!
```

[코드 설명]
- 반복문을 통한 종목 데이터 처리:
  - for i in range(len(stocks)):는 stocks 데이터 프레임의 각 행을 반복합니다.
  - len(stocks)는 stocks 데이터 프레임의 행 수를 반환하며, range(len(stocks))는 0부터 len(stocks) - 1까지의 정수를 생성합니다.
- 개별 종목 데이터 가져오기:
  - stock = stocks.iloc[i]는 stocks 데이터 프레임의 i번째 행을 가져와 stock 변수에 저장합니다.
  - code = stock['Code']는 stock의 'Code' 열 값을 code 변수에 저장합니다.
  - name = stock['Name']는 stock의 'Name' 열 값을 name 변수에 저장합니다.

- 주식 데이터 가져오기:
  - df = fdr.DataReader("NAVER:" + code)는 fdr.DataReader를 사용하여 해당 종목 코드를 기반으로 주식 데이터를 가져옵니다.
  - "NAVER:" + code는 종목 코드 앞에 "NAVER:"를 추가하여, 데이터 소스를 네이버로 지정합니다.

- RSI 계산 및 추가:
  - df['RSI'] = calculate_rsi(df)는 calculate_rsi 함수를 사용하여 df 데이터 프레임의 'Close' 열을 기반으로 RSI 값을 계산하고, 이를 df 데이터 프레임의 'RSI' 열에 추가합니다.

- 오늘의 RSI 값 가져오기:
  - today_data = df.iloc[-1]['RSI']는 df 데이터 프레임의 마지막 행(오늘)의 'RSI' 값을 가져와 today_data 변수에 저장합니다.
  - df.iloc[-1]는 데이터 프레임 df의 마지막 행을 의미합니다.

- 매수/매도 신호 출력:
  - if today_data > 70:은 오늘의 RSI 값이 70보다 크면 매도 신호를 출력합니다.
    - print(f"{name} : 매도 신호!")는 종목 이름과 함께 "매도 신호!" 메시지를 출력합니다.
  - elif today_data < 30:는 오늘의 RSI 값이 30보다 작으면 매수 신호를 출력합니다.
    - print(f"{name}: 매수 신호!")는 종목 이름과 함께 "매수 신호!" 메시지를 출력합니다.

이렇게 모든 국내 주식 종목들에 대한 매수/매도 신호를 얻어냈습니다. 적절히 참고하셔서 투자 전략에 참고하시면 좋을 것 같습니다.

4. 볼린저 밴드

존 볼린저(John Bollinger)에 의해 1980년대 초반에 개발된 기술적 분석 도구로, 주식, 채권, 상품 등 다양한 금융 시장의 자산 가격 변동성을 측정하고 해석하는 데 사용됩니다. 볼린저 밴드는 주가의 상대적 과매수 또는 과매도 상태를 식별하고, 추세의 변화나 가격의 이동을 예측하는 데 유용합니다.

1) 구성 요소
- **중심선(Simple Moving Average, SMA)**: 일반적으로 20일 이동 평균선을 사용하며, 이는 기본 가격 데이터의 평균값을 나타냅니다.
- **상단 밴드(Upper Band)**: 중심선에서 일정 표준 편차(보통 2 표준 편차)만큼 위에 위치합니다. 이 밴드는 과매수 영역을 나타내는 경계로 사용될 수 있습니다.
- **하단 밴드(Lower Band)**: 중심선에서 일정 표준 편차(보통 2 표준 편차)만큼 아래에 위치합니다. 이 밴드는 과매도 영역을 나타내는 경계로 사용될 수 있습니다.

2) 작동 원리
볼린저 밴드의 기본 원리는 가격이 일반적으로 상단 밴드와 하단 밴드 사이에서 움직인다는 것입니다. 가격이 이 범위를 벗어나는 경우, 시장의 변동성이 증가했다는 신호로 해석될 수 있으며, 가격 변동의 방향에 따라 특정 거래 전략을 취할 수 있습니다.

3) 투자 신호

- **밴드 터치**: 가격이 상단 밴드에 도달하면 일반적으로 매도 신호로 간주하며, 하단 밴드에 도달하면 매수 신호로 간주합니다.
- **밴드 너비 변화**: 밴드의 너비가 확대되는 경우, 시장의 변동성 증가를 나타내며, 밴드가 좁아지는 경우 시장의 변동성 감소를 나타냅니다.
- **밴드 워크(Band Walk)**: 가격이 밴드의 한쪽 경계를 계속해서 따라가는 현상으로, 강력한 추세를 나타내며, 이 추세가 계속될 것이라는 신호로 해석할 수 있습니다.
- **밴드 스퀴즈(Bollinger Squeeze)**: 밴드가 매우 좁아지는 현상으로, 후속 가격 변동의 큰 움직임을 예고하는 신호로 볼 수 있습니다.

볼린저 밴드는 다양한 시장 상황에서 유용하게 사용될 수 있으며, 다른 지표들과 함께 사용될 때 그 효과가 더욱 증대됩니다. 이러한 이유로 볼린저 밴드는 트레이더들 사이에서 매우 인기 있는 기술적 분석 도구 중 하나입니다.

이번에는 삼성전자 주식 데이터를 활용해서 볼린저 밴드를 그려보겠습니다.

```python
import pandas as pd
import numpy as np
import FinanceDataReader as fdr
import matplotlib.pyplot as plt

name = "삼성전자"
code = "005930"
df = fdr.DataReader(code)

df['MA20'] = df['Close'].rolling(window = 20).mean()
df['STD20'] = df['Close'].rolling(window = 20).std()

df['UB'] = df['MA20'] + 2 * df['STD20']
df['LB'] = df['MA20'] - 2 * df['STD20']

df = df[df.index.year >= 2024]

plt.plot(df['Close'],color = 'black')
plt.plot(df['MA20'], color = 'blue')
plt.plot(df['UB'], color = 'red')
```

```
plt.plot(df['LB'], color = 'red')
plt.grid(axis = 'y')
plt.legend(['Close', 'MA20', 'UB', 'LB'])
plt.xticks(rotation = 90)
plt.show()
```

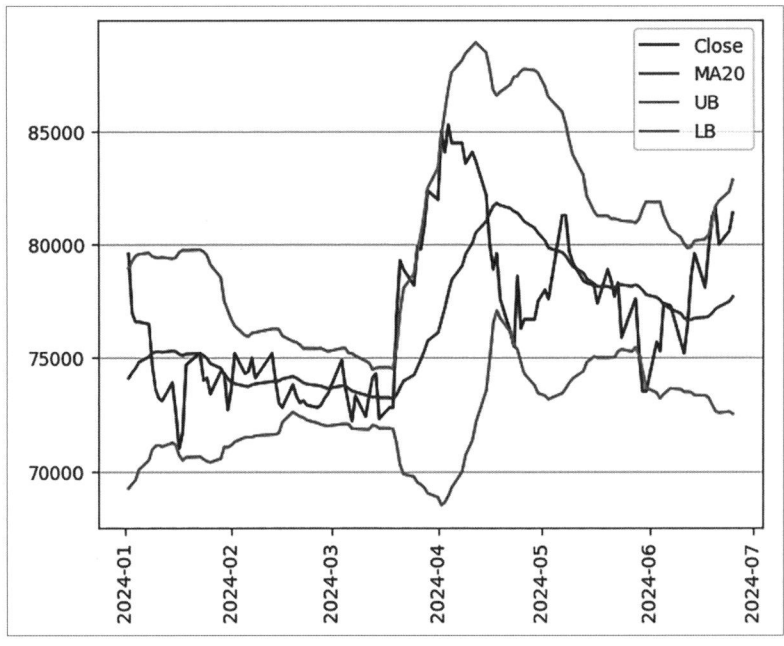

그림 3-9

[코드 설명]
- 라이브러리 임포트:
  - import pandas as pd: 데이터 분석을 위한 판다스 라이브러리를 가져옵니다.
  - import numpy as np: 수치 연산을 위한 넘파이 라이브러리를 가져옵니다.
  - import FinanceDataReader as fdr: 주식 데이터를 가져오는 FinanceDataReader 라이브러리를 가져옵니다.
  - import matplotlib.pyplot as plt: 데이터 시각화를 위한 matplotlib.pyplot 라이브러리를 가져옵니다.

- 변수 정의:
  - name = "삼성전자": 주식 종목 이름을 "삼성전자"로 설정합니다.
  - code = "005930": 삼성전자의 종목 코드를 "005930"으로 설정합니다.

- 주식 데이터 가져오기:
  - df = fdr.DataReader(code): FinanceDataReader 라이브러리를 사용하여 삼성전자의 주식 데이터를 가져옵니다. 데이터는 데이터 프레임 df에 저장됩니다.
- 20일 이동 평균 및 표준 편차 계산:
  - df['MA20'] = df['Close'].rolling(window=20).mean(): 20일 이동 평균을 계산하여 MA20 열에 저장합니다.
  - df['STD20'] = df['Close'].rolling(window=20).std(): 20일 동안의 표준 편차를 계산하여 STD20 열에 저장합니다.
- 볼린저 밴드 계산:
  - df['UB'] = df['MA20'] + 2 * df['STD20']: 상단 밴드(UB, Upper Band)를 계산하여 UB 열에 저장합니다. 이는 20일 이동 평균에 2배의 표준 편차를 더한 값입니다.
  - df['LB'] = df['MA20'] - 2 * df['STD20']: 하단 밴드(LB, Lower Band)를 계산하여 LB 열에 저장합니다. 이는 20일 이동 평균에서 2배의 표준 편차를 뺀 값입니다.
- 2024년 이후 데이터 필터링:
  - df = df[df.index.year >= 2024]: 2024년 이후의 데이터를 필터링하여 df 데이터 프레임에 저장합니다.
- 데이터 시각화:
  - plt.plot(df['Close'], color='black'): 주가 종가를 검은색 선으로 시각화합니다.
  - plt.plot(df['MA20'], color='blue'): 20일 이동 평균을 파란색 선으로 시각화합니다.
  - plt.plot(df['UB'], color='red'): 상단 밴드를 빨간색 선으로 시각화합니다.
  - plt.plot(df['LB'], color='red'): 하단 밴드를 빨간색 선으로 시각화합니다.
  - plt.grid(axis='y'): y축에 그리드를 추가합니다.
  - plt.legend(['Close', 'MA20', 'UB', 'LB']): 범례를 추가합니다.
  - plt.xticks(rotation=90): x축의 눈금 라벨을 90도 회전시킵니다.
  - plt.show(): 그래프를 출력합니다.

이 코드를 통해 삼성전자의 주식 가격과 볼린저 밴드를 시각적으로 분석할 수 있으며, 가격의 상대적 위치와 변동성을 파악할 수 있습니다.

볼린저 밴드를 통한 전략도 시뮬레이션 시각화를 통해서 이 전략이 효과가 있는지 알아보겠습니다.

```python
import seaborn as sns
# 신호 생성 함수 정의
def get_bollinger_signal(row):
    if row['Close'] < row['LB']:
        return 'Buy'
    elif row['Close'] > row['UB']:
        return 'Sell'
    else:
        return 'Hold'

name = "삼성전자"
code = "005930"
df = fdr.DataReader(code)

df['MA20'] = df['Close'].rolling(window = 20).mean()
df['STD20'] = df['Close'].rolling(window = 20).std()

df['UB'] = df['MA20'] + 2 * df['STD20']
df['LB'] = df['MA20'] - 2 * df['STD20']

df2 = df[df.index.year >= 2023]

df2['Signal'] = df2.apply(get_bollinger_signal, axis=1)

plt.figure(figsize = (10, 5))

sns.lineplot(data=df2, x = df2.index, y = 'Close', hue = 'Signal')

plt.grid()
plt.show()
```

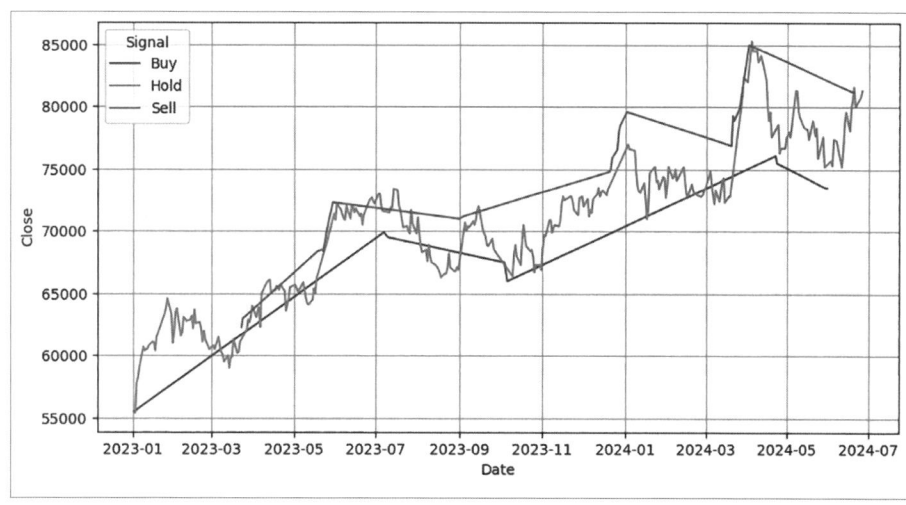

그림 3-10

[코드 설명]
- 신호 생성 함수 정의:
  - def get_bollinger_signal(row)::
    - 볼린저 밴드 신호를 생성하는 함수를 정의합니다.
  - if row['Close'] < row['LB']::
    - 종가가 하한 밴드(LB)보다 낮으면 'Buy' 신호를 반환합니다.
  - elif row['Close'] > row['UB']::
    - 종가가 상한 밴드(UB)보다 높으면 'Sell' 신호를 반환합니다.
  - else::
    - 그 외의 경우 'Hold' 신호를 반환합니다.

- 주식 데이터 가져오기 및 볼린저 밴드 계산:
  - name = "삼성전자":
    - 주식 이름을 "삼성전자"로 설정합니다.
  - code = "005930":
    - 주식 코드를 "005930"으로 설정합니다.
  - df = fdr.DataReader(code):
    - 삼성전자 주식 데이터를 가져옵니다.
  - df['MA20'] = df['Close'].rolling(window=20).mean():
    - 20일 이동 평균(MA20)을 계산하여 데이터 프레임에 추가합니다.
  - df['STD20'] = df['Close'].rolling(window=20).std():
    - 20일 표준 편차(STD20)를 계산하여 데이터 프레임에 추가합니다.
  - df['UB'] = df['MA20'] + 2 * df['STD20']:
    - 상한 밴드(UB)를 계산하여 데이터 프레임에 추가합니다.

- df['LB'] = df['MA20'] - 2 * df['STD20']:
  - 하한 밴드(LB)를 계산하여 데이터 프레임에 추가합니다.
- 2023년 데이터 필터링 및 신호 생성:
  - df2 = df[df.index.year >= 2023]:
    - 2023년 이후의 데이터를 필터링하여 df2 데이터 프레임을 생성합니다.
  - df2['Signal'] = df2.apply(get_bollinger_signal, axis=1):
    - 각 행에 대해 볼린저 밴드 신호를 계산하여 Signal 열에 추가합니다.
- 그래프 설정 및 시각화:
  - plt.figure(figsize=(10, 5)):
    - 그래프 크기를 설정합니다.
  - sns.lineplot(data=df2, x=df2.index, y='Close', hue='Signal', palette={'Buy': 'green', 'Sell': 'red', 'Hold': 'blue'}):
    - seaborn 라이브러리를 사용하여 선그래프를 그립니다.
    - hue='Signal'은 신호에 따라 색상을 다르게 설정합니다.
    - palette는 각 신호에 대한 색상을 지정합니다.
  - plt.grid():
    - 그래프에 그리드를 추가합니다.
  - plt.title('Samsung Electronics Close Price with Bollinger Bands Signals (2023)'):
    - 그래프 제목을 설정합니다.
  - plt.xlabel('Date'), plt.ylabel('Close Price'):
    - x축과 y축 레이블을 설정합니다.
  - plt.legend(title='Signal', loc='upper left'):
    - 범례를 설정합니다.
  - plt.show():
    - 그래프를 화면에 표시합니다.

이 코드는 삼성전자 주식 데이터에서 20일 이동 평균(MA20)과 표준 편차(STD20)를 계산하여 볼린저 밴드(UB, LB)를 생성합니다. 종가가 상한 밴드(UB)보다 높거나 하한 밴드(LB)보다 낮을 때 각각 'Sell' 신호와 'Buy' 신호를 생성합니다. 2023년 이후의 데이터를 사용하여 종가와 볼린저 밴드 신호를 시각화합니다. 신호에 따라 종가 그래프의 색상을 다르게 표시하여 신호의 변화를 시각적으로 확인할 수 있습니다. 시각화를 통해 RSI보다는 조금 더 불안정한 모습을 보이지만, 볼린저 밴드 역시 고점과 저점을 잘 잡아내는 것을 확인할 수 있습니다!

4) 볼린저 밴드를 활용해서 추천 종목 발굴하기

분석한 그림을 바탕으로 설명하자면, 현재 삼성전자의 주가는 볼린저 밴드의 하단 경계인 Lower Band(LB)에 매우 근접해 있습니다. 볼린저 밴드에서 주가가 LB 아래로 떨어지는 경우는 20일 동안의 통계를 기준으로 할 때 매우 드문 현상이며, 약 5%의 낮은 확률로 발생합니다. 이는 일반적으로 발생하기 어려운 상황을 나타내므로, 주가가 LB 아래로 떨어졌을 때는 매수 기회로 간주할 수 있습니다. 현재 삼성전자의 주가는 LB에 가깝지만 아직 LB 아래로는 내려가지 않았으므로, 조금 더 상황을 지켜보며 매수 타이밍을 결정하는 것도 현명한 전략일 수 있습니다. 그럼 이번에는 볼린저 밴드를 활용해서 모든 KOSPI 종목에 대해서 매수/매도할 만한 종목들을 찾아보겠습니다.

```python
stocks = fdr.StockListing("KOSPI")

for i in range(len(stocks)):

    data = stocks.iloc[i]

    code = data['Code']
    name = data['Name']

    df = fdr.DataReader(code)

    df['MA20'] = df['Close'].rolling(window = 20).mean()
    df['STD20'] = df['Close'].rolling(window = 20).std()

    df['UB'] = df['MA20'] + 2 * df['STD20']
    df['LB'] = df['MA20'] - 2 * df['STD20']

    today = df.iloc[-1]

    if today['Close'] < today['LB']:
        print(f"{name} 매수 신호입니다!")
    elif today['Close'] > today['UB']:
        print(f"{name} 매도 신호입니다!")
```

```
크래프톤 매수 신호입니다!
현대건설 매도 신호입니다!
CJ대한통운 매도 신호입니다!
...
농심 매도 신호입니다!
동서 매도 신호입니다!
오뚜기 매도 신호입니다!
```

[코드 설명]
- KOSPI 상장 종목 목록 가져오기:
  - stocks = fdr.StockListing("KOSPI")는 FinanceDataReader 라이브러리를 사용하여 KOSPI에 상장된 모든 종목의 목록을 가져옵니다. 데이터 프레임 stocks에 저장됩니다.

- 종목별 데이터 처리:
  - for i in range(len(stocks)):은 stocks 데이터 프레임의 각 행을 반복합니다.
  - len(stocks)는 stocks 데이터 프레임의 행 수를 반환하며, range(len(stocks))는 0부터 len(stocks) - 1까지의 정수를 생성합니다.

- 개별 종목 데이터 가져오기:
  - data = stocks.iloc[i]는 stocks 데이터 프레임의 i 번째 행을 가져와 data 변수에 저장합니다.
  - code = data['Code']는 data의 'Code' 열 값을 code 변수에 저장합니다.
  - name = data['Name']는 data의 'Name' 열 값을 name 변수에 저장합니다.

- 주식 데이터 가져오기:
  - df = fdr.DataReader(code)는 fdr.DataReader를 사용하여 해당 종목 코드를 기반으로 주식 데이터를 가져옵니다. 데이터 프레임 df에 저장됩니다.

- 20일 이동 평균 및 표준 편차 계산:
  - df['MA20'] = df['Close'].rolling(window=20).mean()는 20일 이동 평균을 계산하여 MA20 열에 저장합니다.
  - df['STD20'] = df['Close'].rolling(window=20).std()는 20일 동안의 표준 편차를 계산하여 STD20 열에 저장합니다.

- 볼린저 밴드 계산:
  - df['UB'] = df['MA20'] + 2 * df['STD20']는 상단 밴드(UB, Upper Band)를 계산하여 UB 열에 저장합니다. 이는 20일 이동 평균에 2배의 표준 편차를 더한 값입니다.
  - df['LB'] = df['MA20'] - 2 * df['STD20']는 하단 밴드(LB, Lower Band)를 계산하여 LB 열에 저장합니다. 이는 20일 이동 평균에서 2배의 표준 편차를 뺀 값입니다.

- 오늘의 데이터 가져오기:
  - today = df.iloc[-1]는 데이터 프레임 df의 마지막 행(오늘)을 가져와 today 변수에 저장합니다.

- 매수/매도 신호 출력:
  - if today['Close'] < today['LB']:는 오늘의 종가가 하단 밴드보다 낮으면 매수 신호를 출력합니다.
    - print(f"{name} 매수 신호입니다!")는 종목 이름과 함께 "매수 신호입니다!" 메시지를 출력합니다.
  - elif today['Close'] > today['UB']:은 오늘의 종가가 상단 밴드보다 높으면 매도 신호를 출력합니다.
    - print(f"{name} 매도 신호입니다!")는 종목 이름과 함께 "매도 신호입니다!" 메시지를 출력합니다.

이 프로세스를 통해 모든 국내 상장 주식에 대해 최근의 시장 상황을 분석하고, 볼린저 밴드를 활용하여 과매수나 과매도 상태에 따른 거래 신호를 제공합니다. 이는 투자자들에게 시장 타이밍을 결정하는 데 유용한 정보를 제공할 수 있습니다. 위 코드를 실행하면 다음과 같이 출력됩니다.

5. 포트폴리오 이론

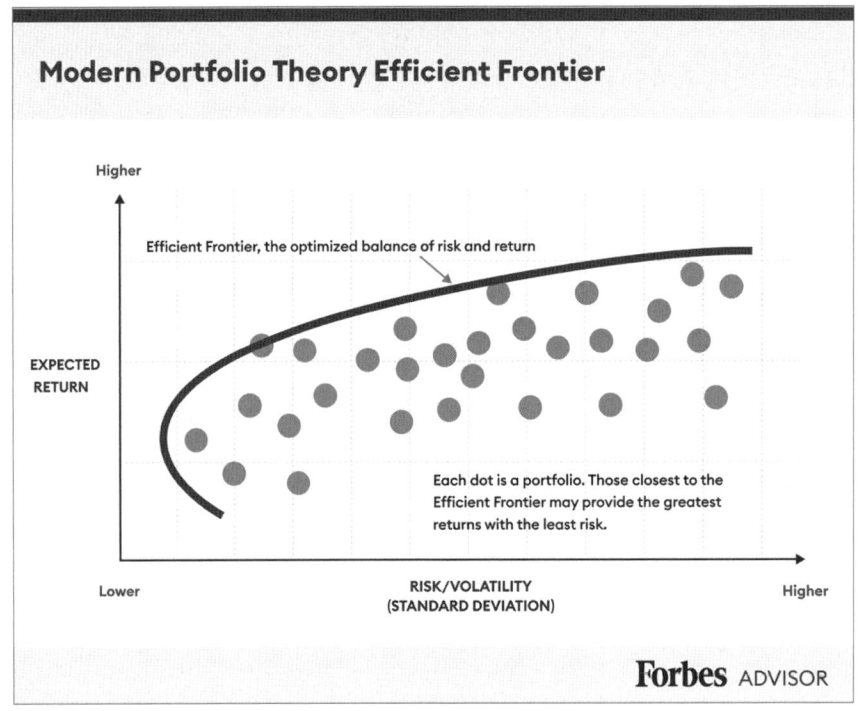

그림 3-11

포트폴리오 이론(Portfolio Theory)은 1952년 해리 마코위츠(Harry Markowitz)가 제안한 금융 이론으로, 투자 포트폴리오의 리스크(위험)와 수익을 최적화하는 방법을 설명합니다. 이 이론은 자산 배분과 포트폴리오 다각화를 통해 투자 위험을 줄이고, 동일한 위험 수준에서 최대한의 수익을 추구하는 것을 목표로 합니다.

1) 수익률의 표준 편차

수익률의 표준 편차는 투자 수익률의 변동성을 측정하는 중요한 통계 지표입니다. 이는 주식, 채권, 펀드 등의 금융 상품의 수익률이 평균 수익률에서 얼마나 멀리 떨어져 있는지를 나타냅니다. 표준 편차가 높으면 수익률의 변동성이 크다는 의미이며, 이는 투자에 따른 리스크가 크다는 것을 의미합니다. 반대로 표준 편차가 낮으면 수익률의 변동성이 적고 리스크가 낮다는 것을 의미합니다.

표준 편차를 계산하는 과정은 다음과 같습니다.

- 수익률의 평균을 계산합니다.
- 각 수익률에서 평균을 뺀 값을 제곱합니다.
- 제곱한 값들의 평균을 구합니다.
- 그 평균의 제곱근을 구합니다.

예를 들어, 다음과 같은 수익률 데이터가 있다고 가정해 봅시다.

5%, 7%, -2%, 10%, 4%

이 데이터를 통해 표준 편차를 계산해 보겠습니다.

```
import numpy as np

# 수익률 데이터
returns = np.array([0.05, 0.07, -0.02, 0.10, 0.04])
```

```
# 평균 수익률 계산
mean_return = np.mean(returns)

# 각 수익률에서 평균을 뺀 값을 제곱한 후 평균을 계산
variance = np.mean((returns - mean_return) ** 2)

# 표준 편차 계산
std_dev = np.sqrt(variance)
std_dev
```

0.03969886648255842

[코드 설명]
- 라이브러리 임포트:
  - import numpy as np는 수치 연산을 위한 넘파이 라이브러리를 가져옵니다.

- 수익률 데이터 정의:
  - returns = np.array([0.05, 0.07, -0.02, 0.10, 0.04])는 수익률 데이터를 넘파이 배열로 정의합니다. 이 배열은 각 기간의 수익률을 나타냅니다.

- 평균 수익률 계산:
  - mean_return = np.mean(returns)는 수익률 데이터의 평균을 계산하여 mean_return 변수에 저장합니다.

- 분산 계산:
  - variance = np.mean((returns - mean_return) ** 2)는 각 수익률에서 평균 수익률을 뺀 값을 제곱한 후, 그 값들의 평균을 계산하여 variance 변수에 저장합니다. 이 값은 분산을 나타냅니다.

- 표준 편차 계산:
  - std_dev = np.sqrt(variance)는 분산의 제곱근을 계산하여 std_dev 변수에 저장합니다. 이 값은 표준 편차를 나타냅니다.

- 결과 반환:
  - std_dev는 수익률 데이터의 표준 편차를 반환합니다.

이 코드의 결과로 표준 편차가 계산됩니다. 위 예제에서 returns 배열의 값들을 이용해 표준 편차를 계산한 결과는 수익률의 변동성을 나타내며, 이를 통해 해당 투자 상품의 리스크를 평가할 수 있습니다.

요약하면, 수익률의 표준 편차는 투자 수익률의 변동성을 나타내는 지표로, 이를 통해 투자 리스크를 평가할 수 있습니다. 표준 편차가 높으면 리스크가 크고, 낮으면 리스크가 작습니다.

6. 효율적 투자선

포트폴리오 이론에서 효율적 투자선(Efficient Frontier)은 투자자들이 특정 위험 수준에서 최대 수익을 얻거나, 특정 수익 수준에서 최소의 위험을 감수할 수 있는 최적의 포트폴리오 조합을 나타내는 곡선입니다. 이는 해리 마코위츠(Harry Markowitz)의 현대 포트폴리오 이론(Modern Portfolio Theory, MPT)의 핵심 개념 중 하나입니다.

1) 효율적 투자선의 구성

효율적 투자선을 이해하기 위해서는 몇 가지 기본 개념을 알아야 합니다.

- **기대 수익률(Expected Return)**: 포트폴리오의 미래 수익률에 대한 기댓값.
- **포트폴리오의 위험(Risk)**: 보통 수익률의 표준 편차로 측정되며, 이는 포트폴리오 수익률의 변동성을 의미합니다.
- **상관관계(Correlation)**: 각 자산의 수익률이 서로 어떻게 연관되어 있는지를 나타냅니다. 상관관계가 낮을수록 포트폴리오의 전체 위험을 줄일 수 있습니다.

2) 효율적 투자선의 특징

- **최적의 포트폴리오**: 효율적 투자선 위의 포트폴리오는 동일한 위험 수준에서 최대의 기대 수익률을 제공하거나, 동일한 기대 수익률에서 최소의 위험을 제공합니다.

- **포트폴리오 다변화**: 효율적 투자선은 여러 자산을 혼합함으로써 위험을 분산시키는 것을 강조합니다. 상관관계가 낮은 자산을 포함하는 것이 중요합니다.
- **무차별 곡선(Indifference Curve)**: 투자자의 위험 회피 성향을 나타내는 곡선으로, 투자자가 동일한 만족도를 가지는 위험과 수익의 조합을 나타냅니다.

3) 효율적 투자선의 시각적 표현

효율적 투자선은 주식과 채권과 같은 다양한 자산의 조합을 통해 만들어집니다. 아래는 효율적 투자선을 시각적으로 표현한 예제 코드입니다.

```python
import numpy as np
import matplotlib.pyplot as plt

# 예시 자산의 수익률과 표준 편차(리스크)
returns = np.array([0.12, 0.18])   # 자산의 기대 수익률
risks = np.array([0.1, 0.2])       # 자산의 표준 편차(리스크)
correlation = 0.5                   # 두 자산의 상관관계

# 공분산 행렬 계산
cov_matrix = np.array([[risks[0]**2, risks[0]*risks[1]*correlation],
                       [risks[0]*risks[1]*correlation, risks[1]**2]])

# 포트폴리오 수익률과 리스크 계산
def portfolio_performance(weights, returns, cov_matrix):
    portfolio_return = np.sum(weights * returns)
    portfolio_risk = np.sqrt(np.dot(weights.T, np.dot(cov_matrix, weights)))
    return portfolio_return, portfolio_risk

# 다양한 포트폴리오의 수익률과 리스크 계산
weights_list = []
portfolio_returns = []
portfolio_risks = []

for w1 in np.linspace(0, 1, 100):
    w2 = 1 - w1
    weights = np.array([w1, w2])
    ret, risk = portfolio_performance(weights, returns, cov_matrix)
    weights_list.append(weights)
    portfolio_returns.append(ret)
```

```
    portfolio_risks.append(risk)

# 효율적 투자선 그리기
plt.figure(figsize=(10, 6))
plt.plot(portfolio_risks, portfolio_returns, 'b-o', label='Efficient Frontier')
plt.xlabel('Risk (Standard Deviation)')
plt.ylabel('Expected Return')
plt.title('Efficient Frontier')
plt.legend()
plt.grid(True)
plt.show()
```

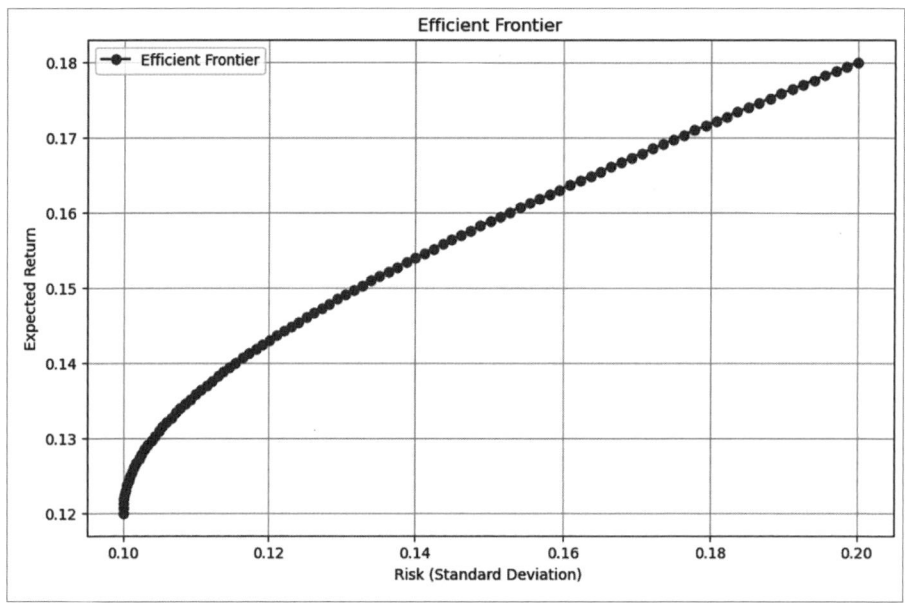

그림 3-12

[코드 설명]
- 라이브러리 임포트:
  - import numpy as np: 수치 연산을 위한 넘파이 라이브러리를 가져옵니다.
  - import matplotlib.pyplot as plt: 데이터 시각화를 위한 matplotlib.pyplot 라이브러리를 가져옵니다.

- 자산 수익률 및 리스크 정의:
  - returns = np.array([0.12, 0.18]): 두 자산의 기대 수익률을 넘파이 배열로 정의합니다.

- risks = np.array([0.1, 0.2]): 두 자산의 표준 편차(리스크)를 넘파이 배열로 정의합니다.
- correlation = 0.5: 두 자산 간의 상관관계를 정의합니다.

• 공분산 행렬 계산:
- cov_matrix = np.array([[risks[0]**2, risks[0]*risks[1]*correlation], [risks[0]*risks[1]*correlation, risks[1]**2]]): 자산의 표준 편차와 상관관계를 사용하여 공분산 행렬을 계산합니다.

• 포트폴리오 성과 계산 함수 정의:
- def portfolio_performance(weights, returns, cov_matrix):: 포트폴리오의 수익률과 리스크를 계산하는 함수를 정의합니다.
  - portfolio_return = np.sum(weights * returns): 가중치와 자산 수익률을 곱하여 포트폴리오 수익률을 계산합니다.
  - portfolio_risk = np.sqrt(np.dot(weights.T, np.dot(cov_matrix, weights))): 가중치와 공분산 행렬을 사용하여 포트폴리오 리스크를 계산합니다.
  - return portfolio_return, portfolio_risk: 포트폴리오 수익률과 리스크를 반환합니다.

• 다양한 포트폴리오의 수익률과 리스크 계산:
- weights_list = []: 포트폴리오 가중치를 저장할 리스트를 초기화합니다.
- portfolio_returns = []: 포트폴리오 수익률을 저장할 리스트를 초기화합니다.
- portfolio_risks = []: 포트폴리오 리스크를 저장할 리스트를 초기화합니다.
- for w1 in np.linspace(0, 1, 100):: 0에서 1까지 100개의 값을 생성하여 각 가중치 조합을 반복합니다.
  - w2 = 1 - w1: 두 번째 자산의 가중치를 계산합니다.
  - weights = np.array([w1, w2]): 가중치를 넘파이 배열로 정의합니다.
  - ret, risk = portfolio_performance(weights, returns, cov_matrix): 포트폴리오 수익률과 리스크를 계산합니다.
  - weights_list.append(weights): 가중치를 리스트에 추가합니다.
  - portfolio_returns.append(ret): 포트폴리오 수익률을 리스트에 추가합니다.
  - portfolio_risks.append(risk): 포트폴리오 리스크를 리스트에 추가합니다.

• 효율적 투자선 그리기:
- plt.figure(figsize=(10, 6)): 그림의 크기를 설정합니다.
- plt.plot(portfolio_risks, portfolio_returns, 'b-o', label='Efficient Frontier'): 포트폴리오 리스크와 수익률을 그래프로 그립니다.
- plt.xlabel('Risk (Standard Deviation)'): x축 레이블을 설정합니다.
- plt.ylabel('Expected Return'): y축 레이블을 설정합니다.
- plt.title('Efficient Frontier'): 그래프 제목을 설정합니다.
- plt.legend(): 범례를 추가합니다.
- plt.grid(True): 그리드를 추가합니다.
- plt.show(): 그래프를 출력합니다.

앞 코드는 두 자산의 조합으로 효율적 투자선을 그리는 예제입니다. 다양한 비율로 자산을 조합하여 각 포트폴리오의 기대 수익률과 리스크를 계산한 후, 이를 그래프로 시각화한 것입니다.

7. 최고의 투자 비율 찾기

만약 우리가 미국 주식 애플, 테슬라, 페이스북 주식을 구매하려고 한다고 가정해 봅시다. 각각 종목들을 어떤 비율로 사면 위험은 낮게 가져가면서 수익률은 최대로 가져갈 수 있을까요? 한번 포트폴리오 이론을 사용해서 최고의 비율을 찾아봅시다. 먼저 애플, 테슬라 페이스북 주식을 가져오겠습니다. 일시적인 경우로 실행이 안 될 수도 있습니다.

```
import FinanceDataReader as fdr

stocks = fdr.DataReader(['AAPL', 'TSLA', 'META'])
stocks = stocks.dropna()
stocks
```

그림 3-13

[코드 설명]
- 라이브러리 임포트:
  - import FinanceDataReader as fdr:
    - 주식 데이터를 가져오는 데 사용되는 FinanceDataReader 라이브러리를 가져옵니다.
- 주식 데이터 가져오기:
  - stocks = fdr.DataReader(['AAPL', 'TSLA', 'META']):
    - fdr.DataReader를 사용하여 주어진 종목 코드 목록에 해당하는 주식 데이터를 가져옵니다.
    - 'AAPL'은 애플(Apple Inc.), 'TSLA'는 테슬라(Tesla Inc.), 'META'는 메타(구 페이스북, Meta Platforms Inc.)의 종목 코드를 의미합니다.
    - 이 데이터는 데이터 프레임 stocks에 저장됩니다.
    - 가져온 데이터는 주식의 날짜별 가격, 거래량 등 다양한 정보를 포함합니다.
- 결측값 제거:
  - stocks = stocks.dropna():
    - 데이터 프레임 stocks에서 결측값이 있는 행을 제거합니다.
    - 이는 데이터를 완전하게 유지하고, 분석이나 시각화 과정에서 발생할 수 있는 오류를 방지하기 위함입니다.
- 결과 반환:
  - stocks:
    - 결측값이 제거된 최종 데이터 프레임을 반환합니다.
    - 이 데이터 프레임은 애플, 테슬라, 메타의 주식 데이터를 포함합니다.

이 코드는 애플, 테슬라, 메타의 주식 데이터를 가져와 결측값을 제거한 후, 데이터를 반환합니다. 이를 통해 세 회사의 주식 데이터를 분석하거나 시각화할 수 있습니다.

이제 가져온 3개의 종목에 대해서 최적의 투자 비율을 알기 위해서는 일간 수익률, 연간 수익률, 일간 리스크, 연간 리스크를 구해야 합니다.

```
daily_ret = stocks.pct_change()
annual_ret = stocks.mean()

daily_cov = daily_ret.cov()
annual_cov = daily_cov * 252
```

```
port_ret = []
port_risk = []
port_weights = []
```

[코드 설명]
- 일간 수익률 계산:
  - daily_ret = stocks.pct_change():
  - stocks 데이터 프레임의 일간 수익률을 계산합니다.
  - pct_change() 메서드는 각 주식의 일간 수익률(전일 대비 변화율)을 계산하여 daily_ret 데이터 프레임에 저장합니다.

- 연간 평균 수익률 계산:
  - annual_ret = stocks.mean():
  - 각 주식의 연간 평균 수익률을 계산합니다.
  - mean() 메서드는 데이터 프레임 stocks의 각 열에 대해 평균을 계산하여 annual_ret 시리즈에 저장합니다.
  - 이 경우, stocks 데이터 프레임의 기간이 하루 단위 데이터로 구성되어 있다고 가정하므로, 이는 일간 평균 수익률입니다.

- 일간 수익률의 공분산 계산:
  - daily_cov = daily_ret.cov():
  - daily_ret 데이터 프레임의 공분산 행렬을 계산하여 daily_cov 데이터 프레임에 저장합니다.
  - cov() 메서드는 각 주식의 일간 수익률 간의 공분산을 계산합니다.

- 연간 공분산 계산:
  - annual_cov = daily_cov * 252:
  - 일간 공분산 행렬을 연간 공분산 행렬로 변환합니다.
  - 주식 시장은 보통 연간 약 252일 거래되므로, 일간 공분산에 252를 곱하여 연간 공분산을 계산합니다.

- 포트폴리오 수익률, 리스크, 가중치 리스트 초기화:
  - port_ret = []:
  - 포트폴리오 수익률을 저장할 빈 리스트를 초기화합니다.
  - port_risk = []:
  - 포트폴리오 리스크(표준 편차)를 저장할 빈 리스트를 초기화합니다.
  - port_weights = []:
  - 포트폴리오 가중치를 저장할 빈 리스트를 초기화합니다.

이 코드는 주어진 주식 데이터에 대해 일간 수익률, 연간 평균 수익률, 일간 공분산 및 연간 공분산을 계산한 후, 포트폴리오 수익률, 리스크, 가중치를 저장할 빈 리스트를 초기화하는 과정을 보여줍니다. 이를 통해 이후 포트폴리오 최적화나 시뮬레이션을 수행할 수 있습니다.

8. 몬테카를로 시뮬레이션

몬테카를로 시뮬레이션(Monte Carlo Simulation)은 확률론적 모델을 사용하여 다양한 결과를 시뮬레이션하고 분석하는 기법입니다. 이 기법은 복잡한 시스템이나 프로세스의 결과를 예측하고 최적의 결정을 내리기 위해 사용됩니다. 포트폴리오 이론에서 최적의 투자 비율을 구하는 데도 몬테카를로 시뮬레이션을 활용할 수 있습니다.

1) 몬테카를로 시뮬레이션의 주요 개념

- 난수 생성(Random Number Generation):
  시뮬레이션 과정에서 불확실성을 반영하기 위해 난수를 생성합니다. 이는 주식 수익률, 가격 변동성 등과 같은 변수를 모델링할 때 사용됩니다.

- 반복 시뮬레이션(Repeated Simulation):
  동일한 과정이나 실험을 여러 번 반복하여 다양한 결과를 얻습니다. 각 반복은 독립적인 실험으로 간주합니다.

- 결과 분석(Result Analysis):
  반복된 시뮬레이션의 결과를 분석하여 평균, 분산, 확률 분포 등을 계산합니다. 이를 통해 예상되는 결과의 분포와 변동성을 이해할 수 있습니다.

2) 포트폴리오 최적화에서의 적용

포트폴리오 최적화에서 몬테카를로 시뮬레이션을 사용하는 방법은 다음과 같습니다.

- **포트폴리오 구성(Portfolio Construction):**
  여러 자산의 수익률과 위험(표준 편차) 그리고 자산 간의 상관관계를 기반으로 다양한 포트폴리오를 구성합니다.

- **난수 생성 및 시뮬레이션(Random Sampling and Simulation):**
  자산의 과거 수익률 분포를 기반으로 난수를 생성하여 각 자산의 미래 수익률을 시뮬레이션합니다.
  다양한 자산 비율을 사용하여 다수의 포트폴리오를 구성하고, 각 포트폴리오의 수익률과 리스크를 계산합니다.

- **효율적 투자선 구성(Construct Efficient Frontier):**
  시뮬레이션 결과를 통해 효율적 투자선을 구성합니다. 이는 주어진 리스크 수준에서 최대 수익을 제공하는 포트폴리오들을 나타냅니다.

몬테카를로 시뮬레이션에 대한 개념을 알았으니, 가져온 3종목에 대해서 몬테카를로 시뮬레이션을 통해 최적의 비율을 구해 보겠습니다.

```
import pandas as pd

for i in range(300000):

    weights = np.random.random(3)
    weights /= np.sum(weights)

    returns = np.dot(weights, annual_ret)
    risk = np.sqrt(np.dot(weights.T, np.dot(annual_cov, weights)))

    port_ret.append(returns)
    port_risk.append(risk)
    port_weights.append(weights)
```

```
portfolio = {'Returns' : port_ret, "Risk" : port_risk}

for i, s in enumerate(stocks.columns):
    portfolio[s] = [weight[i] for weight in port_weights]

df = pd.DataFrame(portfolio)
df = df[['Returns', 'Risk'] + [s for s in stocks.columns]]
df
```

	Returns	Risk	AAPL	TSLA	META
0	158.966581	0.380173	0.050998	0.039556	0.909447
1	122.927639	0.345540	0.144216	0.369330	0.486455
2	111.352422	0.379657	0.130305	0.526575	0.343120
3	96.917155	0.464493	0.074143	0.768102	0.157755
4	102.648806	0.431621	0.088223	0.681823	0.229955
...	...	...	...	...	...
299995	125.453048	0.356407	0.096723	0.394163	0.509114
299996	89.795518	0.369759	0.348268	0.533977	0.117754
299997	135.062165	0.330647	0.177772	0.182279	0.639949
299998	109.211300	0.294202	0.414176	0.220390	0.365434
299999	93.942436	0.400591	0.236708	0.614053	0.149239

300000 rows × 5 columns

그림 3-14

[코드 설명]
- 포트폴리오 시뮬레이션 반복:
  - for i in range(100000)::
    - 100,000번 반복하여 다양한 포트폴리오를 시뮬레이션합니다.

- 랜덤 가중치 생성:
  - weights = np.random.random(3):
    - 3개의 자산에 대한 랜덤 가중치를 생성합니다.
  - weights /= np.sum(weights):
    - 가중치의 합이 1이 되도록 가중치를 정규화합니다.

- 포트폴리오 수익률 및 리스크 계산:
  - returns = np.dot(weights, annual_ret):
    - 포트폴리오의 예상 수익률을 계산합니다. 이는 가중치와 연간 수익률의 내적 (dot product)입니다.
  - risk = np.sqrt(np.dot(weights.T, np.dot(annual_cov, weights))):
    - 포트폴리오의 리스크(표준 편차)를 계산합니다. 이는 가중치와 연간 공분산 행렬을 사용한 계산입니다.

- 포트폴리오 성과 저장:
  - port_ret.append(returns):
    - 계산된 포트폴리오 수익률을 port_ret 리스트에 추가합니다.
  - port_risk.append(risk):
    - 계산된 포트폴리오 리스크를 port_risk 리스트에 추가합니다.
  - port_weights.append(weights):
    - 사용된 가중치를 port_weights 리스트에 추가합니다.

- 포트폴리오 데이터 프레임 생성:
  - portfolio = {'Returns' : port_ret, "Risk" : port_risk}:
    - 포트폴리오 수익률과 리스크를 포함하는 사전을 생성합니다.
  - for i, s in enumerate(stocks.columns)::
    - 각 주식에 대해 반복합니다.
  - portfolio[s] = [weight[i] for weight in port_weights]:
    - 각 주식의 가중치를 포트폴리오 사전에 추가합니다.

- 데이터 프레임 생성 및 정렬:
  - df = pd.DataFrame(portfolio):
    - 포트폴리오 사전을 데이터 프레임으로 변환합니다.
  - df = df[['Returns', 'Risk'] + [s for s in stocks.columns]]:
    - 데이터 프레임의 열 순서를 'Returns', 'Risk' 및 각 주식의 가중치로 설정합니다.

이 코드는 100,000개의 랜덤 포트폴리오를 생성하고, 각 포트폴리오의 예상 수익률과 리스크를 계산하여 데이터 프레임으로 저장합니다. 이를 통해 다양한 포트폴리오의 성과를 분석하고 최적의 포트폴리오를 선택할 수 있습니다. 자 이번에는 시각화해 볼까요?

```
import matplotlib.pyplot as plt

df.plot.scatter(x = 'Risk', y = 'Returns', figsize = (10, 7), grid = True)
```

```
plt.title("Efficient Frontier")
plt.xlabel("Risk")
plt.ylabel("Expected Returns")
plt.show()
```

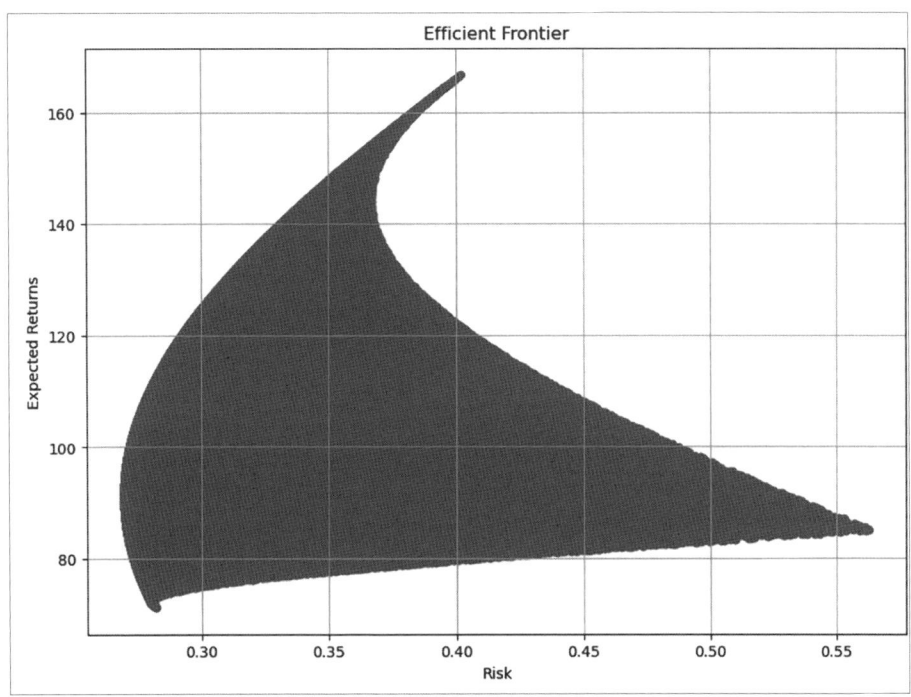

그림 3-15

[코드 설명]
- 라이브러리 임포트:
  - import matplotlib.pyplot as plt:
    - 데이터 시각화를 위한 matplotlib.pyplot 라이브러리를 가져옵니다.

- 산점도 그리기:
  - df.plot.scatter(x='Risk', y='Returns', figsize=(10, 7), grid=True):
    - 데이터 프레임 df의 'Risk' 열을 x축, 'Returns' 열을 y축으로 하는 산점도를 그립니다.
    - figsize=(10, 7)은 그림의 크기를 설정합니다. 너비가 10인치, 높이가 7인치입니다.
    - grid=True는 그리드를 표시합니다.

- 그래프 제목 및 축 레이블 설정:
  - plt.title("Efficient Frontier"):
    - 그래프의 제목을 "Efficient Frontier"로 설정합니다.
  - plt.xlabel("Risk"):
    - x축 레이블을 "Risk"로 설정합니다.
  - plt.ylabel("Expected Returns"):
    - y축 레이블을 "Expected Returns"로 설정합니다.

이 코드는 앞서 생성한 포트폴리오 조합의 리스크와 예상 수익률을 시각화하여 투자자가 효율적 프런티어를 쉽게 확인할 수 있도록 합니다. 효율적 프런티어는 주어진 리스크 수준에서 최대한의 수익률을 제공하는 포트폴리오 조합을 나타내는 곡선입니다.

9. 샤프 지수

샤프 지수(Sharpe Ratio)는 포트폴리오의 성과를 평가하는 데 사용되는 중요한 지표로, 위험 대비 수익률을 측정합니다. 윌리엄 샤프(William Sharpe)가 개발한 이 지수는 포트폴리오의 초과 수익률(무위험 수익률을 초과한 부분)을 단위 리스크당 얼마나 얻었는지를 나타냅니다.

1) 샤프 지수의 의미

- **위험 대비 수익률:**
  샤프 지수는 투자자가 단위 리스크당 얼마나 많은 초과 수익이 나는지를 보여줍니다. 이는 포트폴리오의 성과를 리스크와 비교하여 평가합니다.

- **비교 지표:**
  서로 다른 포트폴리오의 성과를 비교할 때 유용합니다. 샤프 지수가 높은 포트폴리오는 동일한 리스크 수준에서 더 높은 초과 수익률을 제공한다는 의미입니다.

- **포트폴리오 최적화:**
  포트폴리오 최적화 과정에서 샤프 지수를 최대화하는 포트폴리오를 찾는 것이 일반적입니다. 이는 주어진 리스크 수준에서 최적의 수익률을 얻기 위한 전략입니다.

앞에서 작성했던 코드를 샤프 지수에 대한 코드를 추가하여 약간 수정하겠습니다.

```python
daily_ret = stocks.pct_change()
annual_ret = stocks.mean()

daily_cov = daily_ret.cov()
annual_cov = daily_cov * 252

port_ret = []
port_risk = []
port_weights = []
sharpe_ratio = []

for i in range(100000):
    
    weights = np.random.random(3)
    weights /= np.sum(weights)
    
    returns = np.dot(weights, annual_ret)
    risk = np.sqrt(np.dot(weights.T, np.dot(annual_cov, weights)))
    
    port_ret.append(returns)
    port_risk.append(risk)
    port_weights.append(weights)
    sharpe_ratio.append(returns / risk)

portfolio = {'Returns' : port_ret, "Risk" : port_risk, 'Sharpe' : sharpe_ratio}

for i, s in enumerate(stocks.columns):
    portfolio[s] = [weight[i] for weight in port_weights]

df = pd.DataFrame(portfolio)
df = df[['Returns', 'Risk', 'Sharpe'] + [s for s in stocks.columns]]

max_sharpe = df.loc[df['Sharpe'] == df['Sharpe'].max()]
max_sharpe
```

	Returns	Risk	Sharpe	AAPL	TSLA	META
3003	144.454042	0.335532	430.522002	0.240047	0.022356	0.737598

그림 3-16

[코드 설명]
- 일간 수익률 및 연간 평균 수익률 계산:
  - daily_ret = stocks.pct_change():
  - stocks 데이터 프레임의 일간 수익률을 계산합니다.
  - annual_ret = stocks.mean():
  - 각 주식의 연간 평균 수익률을 계산합니다.

- 일간 공분산 및 연간 공분산 계산:
  - daily_cov = daily_ret.cov():
  - 일간 수익률의 공분산 행렬을 계산합니다.
  - annual_cov = daily_cov * 252:
  - 일간 공분산 행렬을 연간 공분산 행렬로 변환합니다.

- 포트폴리오 수익률, 리스크, 가중치, 샤프 비율 리스트 초기화:
  - port_ret = []:
  - 포트폴리오 수익률을 저장할 빈 리스트를 초기화합니다.
  - port_risk = []:
  - 포트폴리오 리스크를 저장할 빈 리스트를 초기화합니다.
  - port_weights = []:
  - 포트폴리오 가중치를 저장할 빈 리스트를 초기화합니다.
  - sharpe_ratio = []:
  - 포트폴리오 샤프 비율을 저장할 빈 리스트를 초기화합니다.

- 포트폴리오 시뮬레이션 반복:
  - for i in range(100000)::
  - 100,000번 반복하여 다양한 포트폴리오를 시뮬레이션합니다.

- 랜덤 가중치 생성 및 정규화:
  - weights = np.random.random(3):
  - 3개의 자산에 대한 랜덤 가중치를 생성합니다.
  - weights /= np.sum(weights):
  - 가중치의 합이 1이 되도록 정규화합니다.

- 포트폴리오 수익률 및 리스크 계산:
  - returns = np.dot(weights, annual_ret):
  - 포트폴리오의 예상 수익률을 계산합니다.

- risk = np.sqrt(np.dot(weights.T, np.dot(annual_cov, weights))):
  - 포트폴리오의 리스크(표준 편차)를 계산합니다.

- 포트폴리오 성과 저장:
  - port_ret.append(returns):
    - 계산된 포트폴리오 수익률을 port_ret 리스트에 추가합니다.
  - port_risk.append(risk):
    - 계산된 포트폴리오 리스크를 port_risk 리스트에 추가합니다.
  - port_weights.append(weights):
    - 사용된 가중치를 port_weights 리스트에 추가합니다.
  - sharpe_ratio.append(returns / risk):
    - 샤프 비율을 계산하여 sharpe_ratio 리스트에 추가합니다.

- 포트폴리오 데이터 프레임 생성:
  - portfolio = {'Returns': port_ret, 'Risk': port_risk, 'Sharpe': sharpe_ratio}:
    - 포트폴리오 수익률, 리스크, 샤프 비율을 포함하는 사전을 생성합니다.

- 가중치 추가:
  - for i, s in enumerate(stocks.columns)::
    - 각 주식에 대해 반복합니다.
  - portfolio[s] = [weight[i] for weight in port_weights]:
    - 각 주식의 가중치를 포트폴리오 사전에 추가합니다.

- 데이터프레임 생성 및 정렬:
  - df = pd.DataFrame(portfolio):
    - 포트폴리오 사전을 데이터 프레임으로 변환합니다.
  - df = df[['Returns', 'Risk', 'Sharpe'] + [s for s in stocks.columns]]:
    - 데이터프레임의 열 순서를 'Returns', 'Risk', 'Sharpe' 및 각 주식의 가중치로 설정합니다.

- 최대 샤프 비율 포트폴리오 찾기:
  - max_sharpe = df.loc[df['Sharpe'] == df['Sharpe'].max()]:
    - 샤프 비율이 최대인 포트폴리오를 찾아 max_sharpe 데이터 프레임에 저장합니다.

이 코드는 다양한 포트폴리오를 생성하고, 각 포트폴리오의 수익률, 리스크, 샤프 비율을 계산하여 샤프 비율이 최대인 포트폴리오를 찾습니다. 이를 통해 최적의 포트폴리오를 선택할 수 있습니다. 이 결과를 해석해 보면, 애플 주식을 24%, 테슬라 주식은 2%, 페이스북(메타) 주식은 73%로 구매하면 가장 안전하면서도 가장 높은 수익률을 얻을 수 있다는 의미입니다. 실제로 그런지 시각화를 통해 알아보겠습니다.

```
df.plot.scatter(x = 'Risk', y = 'Returns', c = 'Sharpe', cmap = 'viridis', edge-
colors = 'k', figsize = (10, 5), grid = True)
plt.scatter(x = max_sharpe['Risk'], y = max_sharpe['Returns'], c = 'r', marker =
'*', s = 300)
plt.title('Portfolio Optimization')
plt.xlabel("Risk")
plt.ylabel("Expected Returns")
plt.show()
```

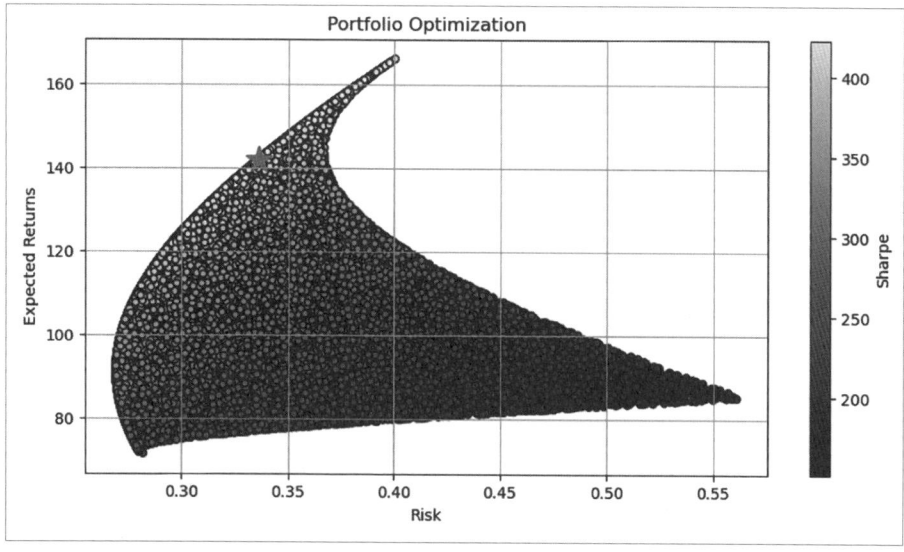

그림 3-17

> [코드 설명]
> - 산점도 그리기:
>   - df.plot.scatter(x='Risk', y='Returns', c='Sharpe', cmap='viridis', edge-colors='k', figsize=(10, 5), grid=True):
>   - 데이터 프레임 df의 'Risk' 열을 x축, 'Returns' 열을 y축으로 하는 산점도를 그립니다.
>   - c='Sharpe'는 각 점의 색상을 샤프 비율에 따라 설정합니다.
>   - cmap='viridis'는 색상 맵으로 'viridis'를 사용합니다.
>   - edgecolors='k'는 각 점의 테두리 색상을 검은색으로 설정합니다.

- figsize=(10, 5)는 그림의 크기를 설정합니다. 너비가 10인치, 높이가 5인치입니다.
- grid=True는 그리드를 표시합니다.

- 최대 샤프 비율 포트폴리오 강조:
  - plt.scatter(x=max_sharpe['Risk'], y=max_sharpe['Returns'], c='r', marker='*', s=300):
    - 샤프 비율이 최대인 포트폴리오를 강조하여 별표(*)로 표시합니다.
    - c='r'는 색상을 빨간색으로 설정합니다.
    - marker='*'는 마커를 별표로 설정합니다.
    - s=300은 마커의 크기를 300으로 설정합니다.

- 그래프 제목 및 축 레이블 설정:
  - plt.title('Portfolio Optimization'):
    - 그래프의 제목을 "Portfolio Optimization"으로 설정합니다.
  - plt.xlabel("Risk"):
    - x축 레이블을 "Risk"로 설정합니다.
  - plt.ylabel("Expected Returns"):
    - y축 레이블을 "Expected Returns"로 설정합니다.

- 그래프 출력:
  - plt.show():
    - 그래프를 출력합니다.

이 코드는 포트폴리오의 리스크와 수익률을 시각화하여, 효율적 투자선을 그래프상에 표시하고, 최적의 포트폴리오를 강조합니다. 이를 통해 다양한 포트폴리오의 성과를 직관적으로 비교하고, 최적의 포트폴리오를 쉽게 식별할 수 있습니다. 몬테카를로 시뮬레이션을 통해서 그래프를 그린 후 확인해 보니, 실제로 위험이 가장 적으면서도 수익률이 가장 높은 부분을 잘 찾아낸 것을 확인했습니다!

CHAPTER **4**

기술적 분석

1. 인공지능 주가 예측
2. 미래 주식 가격 예측하기
3. K 최근접 이웃 모델
4. 결정 트리 모델
5. 랜덤 포레스트 모델
6. XGBoost 모델
7. 미래 국내 주식 가격 예측하기
8. 하루 5% 이상 급등하는 종목 찾기
9. 모델 성능 높이기
10. 강화 학습을 활용한 상승 추세 종목 발굴하기

1. 인공지능 주가 예측

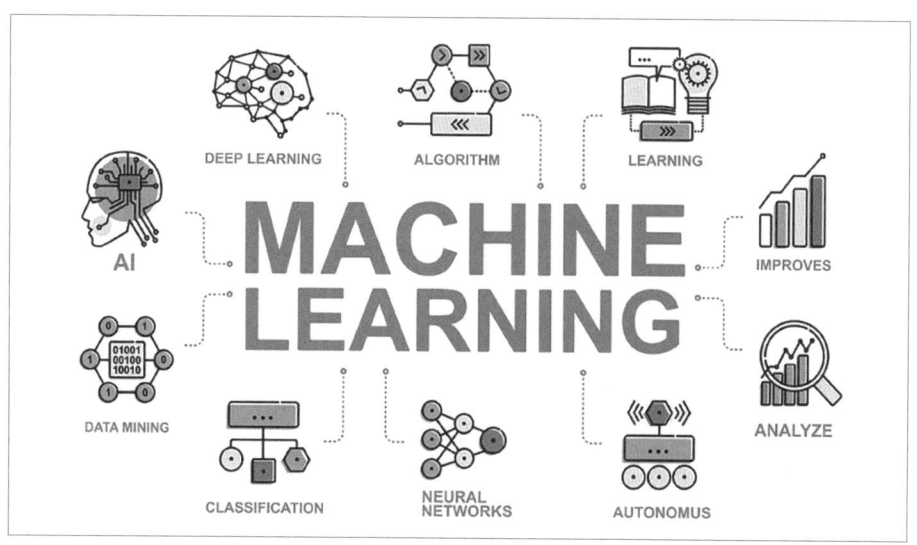

그림 4-1

머신러닝(Machine Learning)은 컴퓨터가 명시적으로 프로그래밍되지 않아도 데이터를 통해 학습하고 예측하거나 결정을 내리는 인공지능(AI)의 한 분야입니다. 머신러닝은 대량의 데이터를 분석하여 패턴과 규칙을 찾아내고, 이를 기반으로 새로운 데이터에 대한 예측 모델을 만드는 것을 목표로 합니다.

인공지능(AI)을 이용한 주가 예측은 기계 학습 및 딥러닝 기술을 활용하여 주식 시장의 미래 가격을 예측하는 방법입니다. 이러한 접근 방식은 엄청난 양의 과거 및 현재 데이터를 분석하여 주가의 패턴을 식별하고, 이를 바탕으로 미래의 주가 움직임을 예측합니다.

1) 인공지능 주가 예측의 핵심 구성 요소

- **데이터 수집**: 주가 예측을 위해 과거 주가, 거래량, 금융 뉴스, 경제 지표, 기업 실적 보고서 등 다양한 데이터를 수집합니다.
- **특성 추출 및 처리**: 수집된 데이터에서 유용한 정보를 추출하고, 누락된 값 처리, 정규화, 변수 변환 등의 데이터 전처리 과정을 거칩니다.
- **모델 선택과 학습**: 여러 종류의 기계 학습 알고리즘(선형 회귀, 결정 트리, 랜덤 포레스트, 인공 신경망 등) 중 하나를 선택하여 훈련 데이터를 기반으로 모델을 학습시킵니다.
- **검증 및 테스트**: 검증 데이터 세트를 사용하여 모델의 성능을 평가하고, 테스트 데이터 세트를 통해 모델의 일반화 능력을 확인합니다.
- **실시간 예측 및 조정**: 모델을 실제 주가 예측에 적용하고, 시장 변화나 추가 데이터를 반영하여 모델을 지속적으로 조정합니다.

2) 인공지능 주가 예측의 사례

인공지능 주가 예측은 여러 금융 기관과 투자 회사에서 활용되고 있습니다. 예를 들어, 퀀트 헤지펀드와 알고리즘 트레이딩 회사들은 복잡한 수학적 모델과 AI 기술을 사용하여 주가의 미세한 변동을 포착하고, 이를 기반으로 빠르게 매매를 진행함으로써 이익을 창출하고 있습니다. 이와 같은 방식은 전통적인 투자 분석 방법보다 훨씬 빠르고 효율적일 수 있지만, 높은 위험도 동반될 수 있음을 인지해야 합니다.

3) 머신러닝의 주요 유형

- **지도 학습(Supervised Learning)**

  정의: 입력 데이터(특징)와 이에 대응하는 출력 데이터(레이블)가 주어진 상태에서 학습하는 방식.

  예시: 이메일 스팸 필터링, 이미지 분류, 주가 예측.

  알고리즘: 선형 회귀, 로지스틱 회귀, 서포트 벡터 머신(SVM), k-최근접 이웃(k-NN), 신경망.

- **비지도 학습(Unsupervised Learning)**

  정의: 레이블 없이 입력 데이터만으로 학습하는 방식. 데이터의 구조를 파악하거나 군집을 찾는 데 사용.

  예시: 고객 세분화, 차원 축소, 이상 탐지.

  알고리즘: K-평균 군집화, 주성분 분석(PCA), 연관 규칙 학습.

- **강화 학습(Reinforcement Learning)**

  정의: 에이전트가 환경과 상호 작용하며 보상을 최대화하는 행동을 학습하는 방식.

  예시: 게임 플레이, 로봇 제어, 추천 시스템.

  알고리즘: Q-러닝, 딥 Q-네트워크(DQN), 정책 경사 방법.

4) 분류/회귀 모델

분류 모델과 회귀 모델은 모두 지도 학습(Supervised Learning) 알고리즘의 한 종류로, 주어진 입력 데이터에 대해 출력값을 예측하는 데 사용됩니다. 두 모델의 주요 차이점은 예측하는 출력값의 유형입니다. 각각의 모델에 대해 자세히 설명하겠습니다.

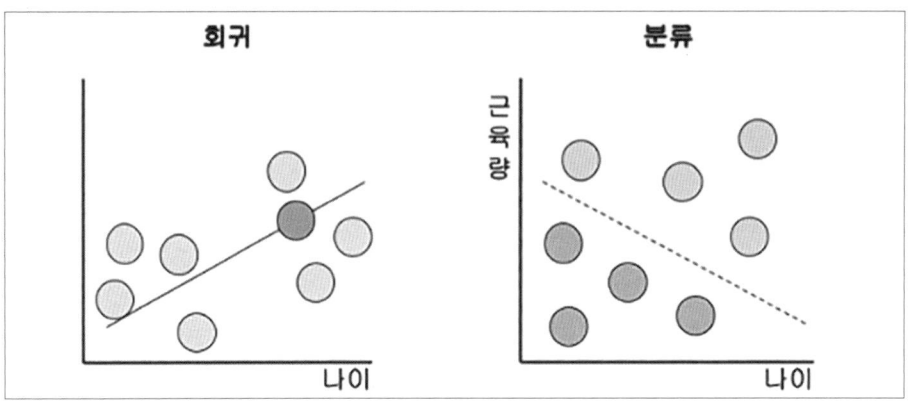

그림 4-2

(1) 분류 모델(Classification Model)

분류 모델은 주어진 입력 데이터를 특정 범주(클래스)로 분류하는 데 사용됩니다. 출력값은 이산형(Discrete) 데이터로, 미리 정의된 클래스 레이블 중 하나를 예측합니다. 예를 들어, 이메일이 스팸인지 아닌지, 이미지에 고양이가 있는지 없는지 등을 예측할 때 사용됩니다.

(2) 회귀 모델(Regression Model)

회귀 모델은 주어진 입력 데이터에 대해 연속적인 출력값을 예측하는 데 사용됩니다. 출력값은 실수형(Continuous) 데이터로, 예를 들어 집의 가격, 주식의 가격, 온도 등을 예측할 때 사용됩니다.

5) 머신러닝의 일반적인 단계

(1) 데이터 수집(Data Collection)

분석할 데이터 수집.

(2) 데이터 전처리(Data Preprocessing)
데이터 정제, 결측값 처리, 데이터 변환 등.

(3) 특징 추출(Feature Extraction)
중요한 특징(변수) 선택.

(4) 모델 선택(Model Selection)
적절한 머신러닝 알고리즘 선택.

(5) 모델 학습(Model Training)
학습 데이터를 사용하여 모델 훈련.

(6) 모델 평가(Model Evaluation)
테스트 데이터를 사용하여 모델 성능 평가.

(7) 모델 튜닝(Model Tuning)
하이퍼파라미터 최적화, 모델 개선.

(8) 모델 배포(Model Deployment)
실제 환경에서 모델 사용.

2. 미래 주식 가격 예측하기

우리는 앞으로 머신러닝 유형 중 지도 학습을 활용해서 미래 주가를 예측해 보려고 합니다. 앞에 있는 내용을 보고 해야 하는 단계가 많아 좌절하실 필요 없습니다. 데이터 전처리나 데이터 표준화가 필요 없는 쉽고 강력한 모델들도 많이 있습니다. 이 책은 입문자들도 쉽게 사용할 수 있으면서도 직접 투자에 사용할 수 있도록 하는 것을 목표로 하고 있습니다. 따라서 앞에 있는 내용이 잘 이해되지 않더라도 포기하지 말고 계속해서 읽으며 공부를 진행하세요. 지도 학습 모델은 앞에서 설명했듯 컴퓨터가 학습할 문제집이 될 입력 데이터와 컴퓨터가 예측해야 하는 정답지인 출력 데이터를 가지고 학습하는 모델입니다. 예를 들면 만약 아래와 같이 삼성전자 주식 데이터가 있다고 해보죠. 오늘은 6월 17일입니다. 만약 6월 17일 데이터를 활용해서 6월 18일 다음 날의 주식 가격을 예측하기 위해서 머신러닝에게 데이터를 학습시켜야 한다면, 그럼 어느 부분이 머신러닝이 학습해야 할 문제집이 되고, 어느 부분이 정답지가 될까요?

	Open	High	Low	Close	Volume	Change
Date						
2000-02-23	5220	5260	5100	5140	554497	NaN
2000-02-24	5120	5240	5060	5070	521526	-0.013619
2000-02-25	5080	5150	4980	5120	557527	0.009862
2000-02-28	5000	5050	4800	4800	602864	-0.062500
2000-02-29	4900	5140	4840	5120	1036420	0.066667
...	...	...	...	...	...	...
2024-06-11	75900	76000	75100	75200	16971175	-0.006605
2024-06-12	75300	77100	75200	76500	19246725	0.017287
2024-06-13	78400	79000	77800	78600	33763804	0.027451
2024-06-14	79700	80500	79000	79600	22926612	0.012723
2024-06-17	79200	79500	78000	78100	16052635	-0.018844

6000 rows × 6 columns

그림 4-3

정답은 6월 17일 주식 데이터를 문제집으로 설정하고, 6월 18일 가격(Close)을 정답지로 설정하면 됩니다. 즉, 하루 전날 전체 데이터를 문제집으로 설정하고 다음 날 가격만을 정답지로 설정하는 것이죠. 예를 들어 2000년 2월 23일 데이터를 보여주면 2000년 2월 24일 가격을 정답지로 설정하면 됩니다. 즉 아래 그림과 같이 빨간색으로 네모 친 부분이 문제집이며, 파란색으로 네모 친 부분이 정답지입니다.

	Open	High	Low	Close	Volume	Change
Date						
2000-02-23	5220	5260	5100	5140	554497	NaN
2000-02-24	5120	5240	5060	5070	521526	-0.013619
2000-02-25	5080	5150	4980	5120	557527	0.009862
2000-02-28	5000	5050	4800	4800	602864	-0.062500
2000-02-29	4900	5140	4840	5120	1036420	0.066667
...	...	...	...	...	...	...
2024-06-11	75900	76000	75100	75200	16971175	-0.006605
2024-06-12	75300	77100	75200	76500	19246725	0.017287
2024-06-13	78400	79000	77800	78600	33763804	0.027451
2024-06-14	79700	80500	79000	79600	22926612	0.012723
2024-06-17	79200	79500	78000	78100	16052635	-0.018844

6000 rows × 6 columns

그림 4-4

먼저 삼성전자 주식 데이터를 통해서 2024년 6월 18일 가격을 예측해 보겠습니다. 삼성전자 데이터를 가져오고 가져온 데이터로부터 문제집과 정답지를 만들어 보겠습니다.

```
import FinanceDataReader as fdr
import numpy as np

df = fdr.DataReader("005930").dropna()

x = []
y = []

for i in range(len(df) - 1):
    a = df.iloc[i].to_numpy()
    b = df.iloc[i+1]['Close']
```

```
        x.append(a)
        y.append(b)

x = np.array(x)
y = np.array(y)
```

- **[코드 설명]**
  - 라이브러리 임포트:
    - import FinanceDataReader as fdr:
      - 주식 데이터를 가져오는 FinanceDataReader 라이브러리를 가져옵니다.
    - import numpy as np:
      - 수치 연산을 위한 넘파이 라이브러리를 가져옵니다.
  - 주식 데이터 가져오기:
    - df = fdr.DataReader("005930").dropna():
      - '005930'은 삼성전자의 종목 코드입니다.
      - fdr.DataReader("005930")는 삼성전자의 주식 데이터를 가져옵니다.
      - dropna()는 결측값이 있는 행을 제거합니다.
  - 입력 및 출력 리스트 초기화:
    - x = []:
      - 입력 데이터(특징)를 저장할 빈 리스트를 초기화합니다.
    - y = []:
      - 출력 데이터(목표)를 저장할 빈 리스트를 초기화합니다.
  - 입력 및 출력 데이터 생성:
    - for i in range(len(df) - 1)::
      - df 데이터 프레임의 길이에서 1을 뺀 만큼 반복합니다. 이는 마지막 행을 제외한 모든 행을 대상으로 합니다.
    - a = df.iloc[i].to_numpy():
      - df 데이터 프레임의 i번째 행을 넘파이 배열로 변환하여 a에 저장합니다.
    - b = df.iloc[i+1]['Close']:
      - df 데이터 프레임의 i+1번째 행의 'Close' 값을 b에 저장합니다.
    - x.append(a):
      - a를 리스트 x에 추가합니다.
    - y.append(b):
      - b를 리스트 y에 추가합니다.
  - 리스트를 넘파이 배열로 변환:
    - x = np.array(x):
      - 리스트 x를 넘파이 배열로 변환합니다.
    - y = np.array(y):
      - 리스트 y를 넘파이 배열로 변환합니다.

3. K 최근접 이웃 모델

K 최근접 이웃(K-Nearest Neighbors, KNN) 모델은 지도 학습(Supervised Learning)의 한 종류로, 분류(Classification)와 회귀(Regression) 문제를 모두 해결할 수 있는 단순하고 직관적인 기계 학습 알고리즘입니다. 이 모델은 새로운 데이터 포인트의 클래스를 예측하기 위해 가장 가까운 K개의 이웃 데이터 포인트를 참조합니다.

KNN은 데이터 포인트 간의 거리를 계산하여 새로운 데이터 포인트가 어떤 클래스에 속하는지 또는 어떤 값을 가질지를 예측합니다. 여기서 K는 고려할 이웃의 수를 의미합니다.

1) KNN의 작동 방식

(1) 데이터 포인트의 거리 계산:

새로운 데이터 포인트와 기존 데이터 포인트 간의 거리를 계산합니다. 주로 유클리드 거리(Euclidean Distance)를 사용하지만, 맨해튼 거리(Manhattan Distance)나 코사인 유사도(Cosine Similarity) 등도 사용할 수 있습니다.

(2) K개의 최근접 이웃 선택:

계산된 거리 값을 기준으로 가장 가까운 K개의 데이터 포인트를 선택합니다.

(3) 분류 또는 회귀 예측:

분류: K개의 이웃 중 가장 많이 속한 클래스가 새로운 데이터 포인트의 클래스가 됩니다.

회귀: K개의 이웃의 값의 평균이 새로운 데이터 포인트의 예측값이 됩니다.

2) K 최근접 이웃 모델의 장단점

장점
- **단순하고 직관적**: 이해하기 쉽고 구현이 간단합니다.
- **비선형 데이터 처리**: 데이터의 분포가 비선형인 경우에도 잘 작동합니다.
- **모델 훈련 시간 없음**: 모델 자체는 훈련이 필요 없고, 예측할 때 연산이 이루어집니다.

단점
- **예측 시간 지연**: 모든 데이터 포인트 간의 거리를 계산해야 해서 데이터양이 많을 경우 예측 시간이 오래 걸립니다.
- **메모리 사용량**: 모든 데이터를 저장하고 있어야 하므로 메모리 사용량이 많습니다.
- **특성 스케일링 필요**: 거리 계산에 민감하므로, 각 특성(Feature)의 스케일을 맞추는 전처리가 필요합니다.

K 값의 선택은 모델의 성능에 중요한 영향을 미칩니다.
- **K가 작을 때**: 모델이 과적합(Overfitting)될 가능성이 큽니다.
- **K가 클 때**: 모델이 과소적합(Underfitting)될 가능성이 큽니다.
- 일반적으로, K는 홀수로 설정하는 것이 좋으며, 교차 검증(Cross-Validation)을 통해 최적의 K 값을 찾습니다.

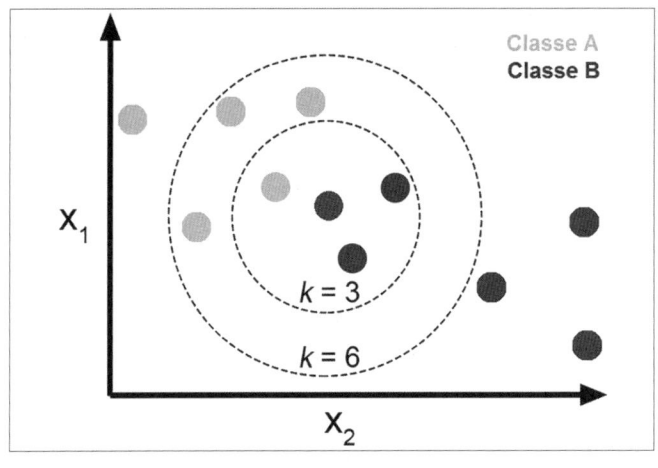

그림 4-5

분류 모델일 경우를 위 그림으로 예를 들어 보겠습니다. A와 B라는 종류의 클래스가 있다고 가정해 봅시다. 가운데 빨간색 데이터는 A일까요? 아니면 B일까요? 만약 가장 가까운 데이터를 보고 다수결을 통해서 예측한다면 가장 가까운 데이터를 3개 참고한다면 빨간색 데이터는 B가 될 것입니다. 그런데 빨간색 데이터와 가장 가까운 데이터를 6개 참고한다면 빨간색 데이터는 A가 될 것입니다. K 최근접 이웃 모델을 위와 같이 분류 모델로 사용할 수 있는 것을 넘어서 회귀 모델로도 사용할 수 있습니다. K 최근접 회귀 모델도 K 최근접 분류 모델과 학습 원리는 같으며, 다수결로 분류하는 것 대신 주변 가장 가까운 값들의 평균값으로 예측됩니다.

K 최근접 모델은 특성 스케일링과 적절한 K개의 선택이 필요하지만, 이 책에서는 K 최근접 모델을 주요 모델로 사용하지 않으므로 특성 스케일링이나 K 값 조절은 하지 않고 진행하겠습니다. 자 그럼 K 최근접 이웃 회귀 모델을 사용해서 미래 삼성전자의 주가를 예측해 보겠습니다.

```
from sklearn.neighbors import KNeighborsRegressor
from sklearn.model_selection import train_test_split
import FinanceDataReader as fdr
import pandas as pd

df = fdr.DataReader("005930").dropna()
```

```python
x = []
y = []

for i in range(len(df) - 1):

    a = df.iloc[i].to_numpy()
    b = df.iloc[i+1]['Close']

    x.append(a)
    y.append(b)

train_x, test_x, train_y, test_y = train_test_split(x, y)

model = KNeighborsRegressor()
model.fit(train_x, train_y)
score = model.score(test_x, test_y)

today_data = df.iloc[-1].to_numpy()

pred = model.predict([today_data])[0]

date = str(df.iloc[-1].name + pd.Timedelta(days=1)).split()[0]
print(f"{date}의 삼성전자의 주식 예측 가격은 {int(pred):,}원입니다. 오차 범위는
{(1 - score) * 100:.2f}% 입니다.")
```

2024년 6월 19일 삼성전자의 주식 예측 **가격은** 69,080.0원입니다. 오차 범위는 5.05% 입니다.

[코드 설명]
- 라이브러리 임포트:
  - from sklearn.neighbors import KNeighborsRegressor:
    - K-최근접 이웃 회귀 모델을 가져옵니다.
  - from sklearn.model_selection import train_test_split:
    - 데이터를 학습 세트와 테스트 세트로 나누기 위한 함수를 가져옵니다.
  - import FinanceDataReader as fdr:
    - 주식 데이터를 가져오는 FinanceDataReader 라이브러리를 가져옵니다.
  - import pandas as pd:
    - 데이터 처리를 위한 판다스 라이브러리를 가져옵니다.

- 주식 데이터 가져오기 및 결측값 제거:
  - df = fdr.DataReader("005930").dropna():
    - '005930'은 삼성전자의 종목 코드입니다.
    - fdr.DataReader("005930")는 삼성전자의 주식 데이터를 가져옵니다.
    - dropna()는 결측값이 있는 행을 제거합니다.

- 입력 및 출력 데이터 생성:
  - x = [], y = []:
    - 입력 데이터(특징)와 출력 데이터(목표)를 저장할 빈 리스트를 초기화합니다.
  - for i in range(len(df) - 1)::
    - df 데이터 프레임의 길이에서 1을 뺀 만큼 반복합니다.
    - a = df.iloc[i].to_numpy(): df 데이터 프레임의 i 번째 행을 넘파이 배열로 변환하여 a에 저장합니다.
    - b = df.iloc[i+1]['Close']: df 데이터 프레임의 i+1 번째 행의 'Close' 값을 b에 저장합니다.
    - x.append(a): a를 리스트 x에 추가합니다.
    - y.append(b): b를 리스트 y에 추가합니다.

- 데이터 분할:
  - train_x, test_x, train_y, test_y = train_test_split(x, y):
    - 데이터를 학습 세트와 테스트 세트로 분할합니다.

- 모델 학습:
  - model = KNeighborsRegressor():
    - K-최근접 이웃 회귀 모델을 초기화합니다.
  - model.fit(train_x, train_y):
    - 학습 데이터를 사용하여 모델을 학습시킵니다.

- 모델 평가:
  - score = model.score(test_x, test_y):
    - 테스트 데이터를 사용하여 모델의 성능을 평가하고, 결정 계수를 score에 저장합니다.

- 오늘의 데이터로 내일의 종가 예측:
  - today_data = df.iloc[-1].to_numpy():
    - df 데이터 프레임의 마지막 행을 넘파이 배열로 변환하여 today_data에 저장합니다.
  - pred = model.predict([loday_data])[0]:
    - 모델을 사용하여 내일의 종가를 예측하고, 예측값을 pred에 저장합니다.

- 예측 결과 출력:
  - date = str(df.iloc[-1].name + pd.Timedelta(days=1)).split()[0]:
    - 마지막 날짜에 하루를 더하여 예측 날짜를 계산합니다.

- print(f"{date}의 삼성전자의 주식 예측 가격은 {int(pred):,}원입니다. 오차 범위는 {(1 - score) * 100:.2f}%입니다."):
  - 예측 결과와 모델의 오차 범위를 출력합니다.

다음 날의 삼성전자 주식 가격을 예측했으며, 오차 범위까지 예측했습니다! 하지만 오차 범위가 상당히 커서 아직은 쓰기가 어렵겠군요. 이번에는 트리 기반 모델을 사용해서 삼성전자 주식 가격의 미래 가격을 예측해 보겠습니다.

4. 결정 트리 모델

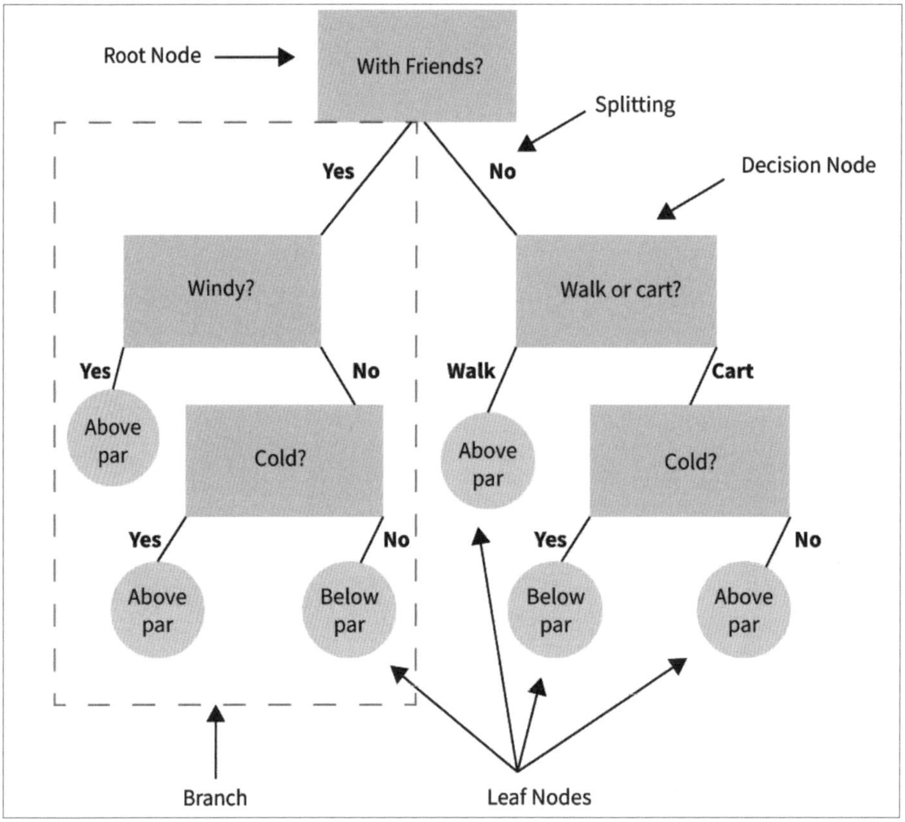

그림 4-6

결정 트리 모델은 데이터 분류 및 회귀 분석을 위한 기계 학습 모델입니다. 이 모델은 의사 결정을 나무의 가지처럼 분기하는 구조로 시각화하여 데이터를 분석합니다. 결정 트리는 루트 노드(Root Node)에서 시작하여, 각 노드(Node)에서 조건에 따라 데이터를 분할하면서 리프 노드(Leaf Node)에 도달하게 됩니다.

1) 결정 트리의 구성 요소

- **루트 노드(Root Node)**: 결정 트리의 최상위 노드로, 모든 데이터가 여기에 포함됩니다.
- **내부 노드(Internal Node)**: 하나 이상의 조건에 따라 데이터를 분할하는 중간 노드입니다.
- **가지(Branch)**: 노드 간의 연결을 나타내며, 분할 조건에 따른 경로를 의미합니다.
- **리프 노드(Leaf Node)**: 더 이상 분할이 일어나지 않는 최종 노드로, 여기서 결정 트리의 예측 결과가 나옵니다.

2) 결정 트리의 작동 방식

결정 트리는 데이터를 반복적으로 분할하여 분류하거나 회귀 예측을 수행합니다. 분할은 일반적으로 다음 두 가지 기준 중 하나를 사용하여 이루어집니다.

- **분류(Classification)**: 카테고리형 데이터의 경우, 분할 기준으로 지니 불순도(Gini Impurity)나 엔트로피(Entropy)와 같은 척도를 사용합니다.
- **회귀(Regression)**: 연속형 데이터의 경우, 평균 제곱 오차(Mean Squared Error, MSE)와 같은 척도를 사용합니다.

3) 결정 트리의 장단점

장점

- **해석 용이성**: 결정 트리는 시각적으로 이해하기 쉬워서, 데이터의 의사 결정 과정을 명확히 알 수 있습니다.

- **데이터 전처리 필요성 낮음**: 스케일링이나 정규화와 같은 데이터 전처리 작업이 거의 필요하지 않습니다.
- **다양한 데이터 처리**: 범주형 데이터와 연속형 데이터를 모두 처리할 수 있습니다.

단점

- **과적합(Overfitting)**: 훈련 데이터에 너무 최적화되어 새로운 데이터에 대한 일반화 성능이 떨어질 수 있습니다. 이를 방지하기 위해 가지치기(Pruning) 기법을 사용합니다.
- **불안정성**: 데이터의 작은 변화에도 트리가 크게 변화할 수 있습니다. 이를 해결하기 위해 앙상블 기법(예: 랜덤 포레스트)을 사용합니다.

결정 트리 모델은 K 최근접 모델보다 좋을까요? 이번에는 결정 트리 모델을 사용해서 삼성전자 미래 주식 가격을 예측해 보겠습니다.

```python
from sklearn.tree import DecisionTreeRegressor
from sklearn.model_selection import train_test_split
import FinanceDataReader as fdr
import pandas as pd

df = fdr.DataReader("005930").dropna()

x = []
y = []

for i in range(len(df) - 1):

    a = df.iloc[i].to_numpy()
    b = df.iloc[i+1]['Close']

    x.append(a)
    y.append(b)

train_x, test_x, train_y, test_y = train_test_split(x, y)

model = DecisionTreeRegressor()
model.fit(train_x, train_y)
```

```
score = model.score(test_x, test_y)

today_data = df.iloc[-1].to_numpy()

pred = model.predict([today_data])[0]

date = str(df.iloc[-1].name + pd.Timedelta(days=1)).split()[0]
print(f"{date}의 삼성전자의 주식 예측 가격은 {int(pred):,}원입니다. 오차 범위는
{(1 - score) * 100:.2f}%입니다.")
```

2024-06-20의 삼성전자의 주식 예측 가격은 81,600원입니다. 오차 범위는 0.15%입니다.

[코드 설명]
- 라이브러리 임포트:
  - from sklearn.model_selection import train_test_split:
    - 데이터를 학습 세트와 테스트 세트로 나누기 위한 함수를 가져옵니다.
  - import FinanceDataReader as fdr:
    - 주식 데이터를 가져오는 FinanceDataReader 라이브러리를 가져옵니다.
  - import pandas as pd:
    - 데이터 처리를 위한 판다스 라이브러리를 가져옵니다.
  - from sklearn.tree import DecisionTreeRegressor:
    - 결정 트리 회귀 모델을 가져옵니다.
- 주식 데이터 가져오기 및 결측값 제거:
  - df = fdr.DataReader("005930").dropna():
    - '005930'은 삼성전자의 종목 코드입니다.
    - fdr.DataReader("005930")는 삼성전자의 주식 데이터를 가져옵니다.
    - dropna()는 결측값이 있는 행을 제거합니다.
- 입력 및 출력 데이터 생성:
  - x = [], y = []:
    - 입력 데이터(특징)와 출력 데이터(목표)를 저장할 빈 리스트를 초기화합니다.
  - for i in range(len(df) - 1)::
    - df 데이터 프레임의 길이에서 1을 뺀 만큼 반복합니다.
    - a = df.iloc[i].to_numpy(): df 데이터 프레임의 i 번째 행을 넘파이 배열로 변환하여 a에 저장합니다.
    - b = df.iloc[i+1]['Close']: df 데이터 프레임의 i+1 번째 행의 'Close' 값을 b에 저장합니다.
    - x.append(a): a를 리스트 x에 추가합니다.
    - y.append(b): b를 리스트 y에 추가합니다.

- 데이터 분할:
  - train_x, test_x, train_y, test_y = train_test_split(x, y):
    - 데이터를 학습 세트와 테스트 세트로 분할합니다.

- 모델 학습:
  - model = DecisionTreeRegressor():
    - 결정 트리 회귀 모델을 초기화합니다.
  - model.fit(train_x, train_y):
    - 학습 데이터를 사용하여 모델을 학습시킵니다.

- 모델 평가:
  - score = model.score(test_x, test_y):
    - 테스트 데이터를 사용하여 모델의 성능을 평가하고, 결정 계수를 score에 저장합니다.

- 오늘의 데이터로 내일의 종가 예측:
  - today_data = df.iloc[-1].to_numpy():
    - df 데이터 프레임의 마지막 행을 넘파이 배열로 변환하여 today_data에 저장합니다.
  - pred = model.predict([today_data])[0]:
    - 모델을 사용하여 내일의 종가를 예측하고, 예측값을 pred에 저장합니다.

- 예측 결과 출력:
  - date = str(df.iloc[-1].name + pd.Timedelta(days=1)).split()[0]:
    - 마지막 날짜에 하루를 더하여 예측 날짜를 계산합니다.
  - print(f"{date}의 삼성전자의 주식 예측 가격은 {int(pred):,}원입니다. 오차 범위는 {(1 - score) * 100:.2f}%입니다."):
    - 예측 결과와 모델의 오차 범위를 출력합니다.

와우! 이번에는 오차 범위가 0.15%밖에 되지 않습니다. 그 이유는 결정 트리 모델이 K 최근접 이웃 모델보다 좋아서가 아니라 K 최근접 이웃 모델은 다양한 데이터 전처리 및 표준화를 해줘야 하지만 트리 기반 모델들은 데이터 표준화를 하지 않아도 되며, 데이터 전처리 또한 많이 해주지 않아도 좋은 성능을 보이기 때문입니다.

5. 랜덤 포레스트 모델

결정 트리 모델의 성능이 아주 좋죠? 하지만 결정 트리 모델보다 더 좋은 모델이 있습니다. 바로 랜덤 포레스트 모델입니다. 랜덤 포레스트 모델은 대부분의 경우 결정 트리 모델보다 좋을 수밖에 없습니다. 왜냐하면 여러 개의 결정 트리 모델을 결합해서 만든 모델이니까요!

랜덤 포레스트(Random Forest) 모델은 다수의 결정 트리를 사용하여 분류나 회귀 작업을 수행하는 앙상블 학습 방법의 하나입니다. 이는 개별 결정 트리의 약점을 보완하고, 모델의 성능과 안정성을 향상하기 위해 개발되었습니다. 랜덤 포레스트는 배깅(Bagging) 기법과 특성 무작위성(Feature Randomness)을 결합하여 다수의 결정 트리를 생성하고, 이들의 예측을 결합하여 최종 결과를 도출합니다.

1) 랜덤 포레스트의 구성 요소

- **부트스트랩 샘플링(Bootstrap Sampling)**: 원본 데이터에서 중복을 허용하여 여러 개의 샘플 데이터를 생성합니다. 각 결정 트리는 이러한 샘플 데이터를 사용하여 학습됩니다.
- **랜덤 피처 선택(Random Feature Selection)**: 각 노드를 분할할 때, 전체 피처 중 무작위로 선택된 일부 피처만을 고려합니다. 이를 통해 결정 트리들이 서로 다르게 학습되도록 합니다.

- **결정 트리(Decision Tree)**: 부트스트랩 샘플과 랜덤 피처 선택을 사용하여 여러 개의 결정 트리를 생성합니다. 각 트리는 독립적으로 학습되며, 트리의 깊이나 리프 노드의 최소 샘플 수 등 다양한 파라미터를 조정할 수 있습니다.
- **앙상블 예측(Ensemble Prediction)**: 분류 문제에서는 각 트리의 예측 결과를 투표하여 가장 많이 선택된 클래스를 최종 예측으로 합니다. 회귀 문제에서는 각 트리의 예측 값을 평균 내어 최종 예측으로 합니다.

2) 랜덤 포레스트의 장단점

장점
- **높은 정확도**: 여러 결정 트리의 예측을 결합함으로써 일반화 성능이 향상됩니다.
- **과적합 방지**: 무작위 샘플링과 피처 선택을 통해 과적합이 줄어듭니다.
- **다양한 데이터 처리**: 분류와 회귀 문제 모두에 사용할 수 있습니다.
- **피처 중요도 측정**: 각 피처의 중요도를 계산하여 피처 선택에 도움을 줄 수 있습니다.

단점
- **느린 예측 시간**: 많은 트리를 사용하므로 예측 시간이 길어질 수 있습니다.
- **복잡한 모델**: 결정 트리의 수가 많아지면 모델이 복잡해지고 해석이 어려워질 수 있습니다.

그럼 이번에는 랜덤 포레스트 모델을 사용해서 미래의 삼성전자 주식 가격을 예측해 보겠습니다.

```
from sklearn.ensemble import RandomForestRegressor
from sklearn.model_selection import train_test_split
import FinanceDataReader as fdr
import pandas as pd

df = fdr.DataReader("005930").dropna()

x = []
y = []
```

```python
for i in range(len(df) - 1):

    a = df.iloc[i].to_numpy()
    b = df.iloc[i+1]['Close']

    x.append(a)
    y.append(b)

train_x, test_x, train_y, test_y = train_test_split(x, y)

model = RandomForestRegressor()
model.fit(train_x, train_y)
score = model.score(test_x, test_y)

today_data = df.iloc[-1].to_numpy()

pred = model.predict([today_data])[0]

date = str(df.iloc[-1].name + pd.Timedelta(days=1)).split()[0]
print(f"{date}의 삼성전자의 주식 예측 가격은 {int(pred):,}원입니다. 오차 범위는 {(1 - score) * 100:.2f}%입니다.")
```

> 2024-06-20의 삼성전자의 주식 예측 가격은 82,133원입니다. 오차 범위는 0.08%입니다.

[코드 설명]
- 라이브러리 임포트:
  - from sklearn.ensemble import RandomForestRegressor:
    - 랜덤 포레스트 회귀 모델을 가져옵니다.
  - from sklearn.model_selection import train_test_split:
    - 데이터를 학습 세트와 테스트 세트로 나누기 위한 함수를 가져옵니다.
  - import FinanceDataReader as fdr:
    - 주식 데이터를 가져오는 FinanceDataReader 라이브러리를 가져옵니다.
  - import pandas as pd:
    - 데이터 처리를 위한 판다스 라이브러리를 가져옵니다.

- 주식 데이터 가져오기 및 결측값 제거:
  - df = fdr.DataReader("005930").dropna():
    - '005930'은 삼성전자의 종목 코드입니다.

- fdr.DataReader("005930")는 삼성전자의 주식 데이터를 가져옵니다.
- dropna()는 결측값이 있는 행을 제거합니다.

- 입력 및 출력 데이터 생성:
  - x = [], y = []:
    - 입력 데이터(특징)와 출력 데이터(목표)를 저장할 빈 리스트를 초기화합니다.
  - for i in range(len(df) - 1)::
    - df 데이터 프레임의 길이에서 1을 뺀 만큼 반복합니다.
    - a = df.iloc[i].to_numpy(): df 데이터프레임의 i 번째 행을 넘파이 배열로 변환하여 a에 저장합니다.
    - b = df.iloc[i+1]['Close']: df 데이터 프레임의 i+1 번째 행의 'Close' 값을 b에 저장합니다.
    - x.append(a): a를 리스트 x에 추가합니다.
    - y.append(b): b를 리스트 y에 추가합니다.

- 데이터 분할:
  - train_x, test_x, train_y, test_y = train_test_split(x, y):
    - 데이터를 학습 세트와 테스트 세트로 분할합니다.

- 모델 학습:
  - model = RandomForestRegressor():
    - 랜덤 포레스트 회귀 모델을 초기화합니다.
  - model.fit(train_x, train_y):
    - 학습 데이터를 사용하여 모델을 학습시킵니다.

- 모델 평가:
  - score = model.score(test_x, test_y):
    - 테스트 데이터를 사용하여 모델의 성능을 평가하고, 결정 계수를 score에 저장합니다.

- 오늘의 데이터로 내일의 종가 예측:
  - today_data = df.iloc[-1].to_numpy():
    - df 데이터 프레임의 마지막 행을 넘파이 배열로 변환하여 today_data에 저장합니다.
  - pred = model.predict([today_data])[0]:
    - 모델을 사용하여 내일의 종가를 예측하고, 예측값을 pred에 저장합니다.

- 예측 결과 출력:
  - date = str(df.iloc[-1].name + pd.Timedelta(days=1)).split()[0]:
    - 마지막 날짜에 하루를 더하여 예측 날짜를 계산합니다.
  - print(f"{date}의 삼성전자의 주식 예측 가격은 {int(pred):,}원입니다. 오차 범위는 {(1 - score) * 100:.2f}%입니다."):
    - 예측 결과와 모델의 오차 범위를 출력합니다.

결정 트리 모델의 성능보다 더 낮은 오차 범위 0.08%를 기록했습니다! 랜덤 포레스트 모델은 대부분의 경우 준수한 성능을 보여 줍니다. 따라서 이 책에서도 앞으로 회귀 예측을 하는 경우에는 랜덤 포레스트 회귀 모델을 사용하겠습니다.

6. XGBoost 모델

XGBoost(Extreme Gradient Boosting)는 기계 학습에서 매우 인기 있는 그래디언트 부스팅 알고리즘입니다. 이는 빠른 학습 속도, 높은 예측 성능 그리고 다양한 문제 해결 능력으로 널리 사용됩니다.

1) XGBoost의 구성 요소

- **결정 트리(Decision Trees)**: XGBoost는 여러 개의 결정 트리를 사용하여 학습합니다. 각 트리는 약한 학습자로 작동하며, 이들이 모여 강력한 예측 모델을 형성합니다.
- **오차(Residuals)**: 현재 모델의 예측과 실젯값 사이의 차이를 계산하여 새로운 트리를 학습시킵니다.
- **학습률(Learning Rate)**: 각 트리의 기여도를 조절하여 모델이 천천히 학습되도록 합니다.
- **규제(Regularization)**: 모델의 복잡성을 제어하여 과적합을 방지합니다. L1 및 L2 규제 항을 사용합니다.
- **부스팅 단계(Boosting Stages)**: 여러 트리를 순차적으로 추가하여 모델 성능을 점진적으로 향상합니다.

2) XGBoost의 작동 방식

XGBoost는 그래디언트 부스팅 알고리즘의 변형으로, 다음과 같은 방식으로 작동합니다:

(1) **초기 모델 생성**: 첫 번째 트리는 전체 데이터의 평균값을 예측하는 간단한 모델로 시작합니다.
(2) **잔여 오차 계산**: 첫 번째 모델의 예측과 실젯값 사이의 오차(잔여)를 계산합니다.
(3) **잔여에 대해 새로운 트리 학습**: 오차를 줄이기 위해 새로운 트리를 학습시킵니다.
(4) **모델 결합**: 새로 학습된 트리를 기존 모델에 추가합니다.
(5) **반복**: 원하는 수의 트리가 추가될 때까지 이 과정을 반복합니다.

3) XGBoost 모델의 장단점

장점

- **고성능**: 병렬 처리 및 분산 컴퓨팅을 통해 매우 빠른 학습 속도를 자랑합니다.
- **높은 예측 성능**: 다양한 데이터 세트에서 우수한 예측 성능을 보입니다.
- **유연성**: 회귀, 분류, 랭킹 등 다양한 문제에 적용할 수 있습니다.
- **과적합 방지**: 규제 항과 조기 종료(Early Stopping)를 통해 과적합을 효과적으로 방지합니다.
- **확장성**: 대규모 데이터 세트에서도 효과적으로 작동합니다.

단점

- **복잡성**: 다른 알고리즘에 비해 하이퍼파라미터가 많아 튜닝이 복잡할 수 있습니다.
- **자원 소모**: 대규모 데이터 세트에서 메모리와 계산 자원을 많이 소모할 수 있습니다.
- **해석 가능성**: 모델의 복잡성으로 인해 결과 해석이 어려울 수 있습니다.

XGBoost 역시 결정 트리 모델을 업그레이드한 모델이라고 보시면 됩니다. 자 그럼 이번에도 삼성전자 주식 데이터를 활용해서 XGBoost 모델을 학습하고 성능을 확인해 보겠습니다.

```
from xgboost import XGBRegressor
from sklearn.model_selection import train_test_split
import FinanceDataReader as fdr
import pandas as pd

df = fdr.DataReader("005930").dropna()

x = []
y = []

for i in range(len(df) - 1):

    a = df.iloc[i].to_numpy()
    b = df.iloc[i+1]['Close']

    x.append(a)
    y.append(b)

train_x, test_x, train_y, test_y = train_test_split(x, y)

model = XGBRegressor()
model.fit(train_x, train_y)
score = model.score(test_x, test_y)

today_data = df.iloc[-1].to_numpy()

pred = model.predict([today_data])[0]

date = str(df.iloc[-1].name + pd.Timedelta(days=1)).split()[0]
print(f"{date}의 삼성전자의 주식 예측 가격은 {int(pred):,}원입니다. 오차 범위는
{(1 - score) * 100:.2f}%입니다.")
```

> 2024-06-26의 삼성전자의 주식 예측 가격은 80,493원입니다. 오차 범위는 0.10%입니다.

만약 실행이 안 되면 pip install xgboost를 설치해야 합니다.

[코드 설명]
- 라이브러리 임포트:
  - from xgboost import XGBRegressor:
  - XGBoost 회귀 모델을 가져옵니다.
  - from sklearn.model_selection import train_test_split:
  - 데이터를 학습 세트와 테스트 세트로 나누기 위한 함수를 가져옵니다.
  - import FinanceDataReader as fdr:
  - 주식 데이터를 가져오는 FinanceDataReader 라이브러리를 가져옵니다.
  - import pandas as pd:
  - 데이터 처리를 위한 판다스 라이브러리를 가져옵니다.

- 주식 데이터 가져오기 및 결측값 제거:
  - df = fdr.DataReader("005930").dropna():
  - '005930'은 삼성전자의 종목 코드입니다.
  - fdr.DataReader("005930")는 삼성전자의 주식 데이터를 가져옵니다.
  - dropna()는 결측값이 있는 행을 제거합니다.

- 입력 및 출력 데이터 생성:
  - x = [], y = []:
  - 입력 데이터(특징)와 출력 데이터(목표)를 저장할 빈 리스트를 초기화합니다.
  - for i in range(len(df) - 1)::
  - df 데이터 프레임의 길이에서 1을 뺀 만큼 반복합니다.
  - a = df.iloc[i].to_numpy(): df 데이터 프레임의 i 번째 행을 넘파이 배열로 변환하여 a에 저장합니다.
  - b = df.iloc[i+1]['Close']: df 데이터 프레임의 i+1 번째 행의 'Close' 값을 b에 저장합니다.
  - x.append(a): a를 리스트 x에 추가합니다.
  - y.append(b): b를 리스트 y에 추가합니다.

- 데이터 분할:
  - train_x, test_x, train_y, test_y = train_test_split(x, y):
  - 데이터를 학습 세트와 테스트 세트로 분할합니다.

- 모델 학습:
  - model = XGBRegressor():
  - XGBoost 회귀 모델을 초기화합니다.
  - model.fit(train_x, train_y):
  - 학습 데이터를 사용하여 모델을 학습시킵니다.

- 모델 평가:
  - score = model.score(test_x, test_y):
  - 테스트 데이터를 사용하여 모델의 성능을 평가하고, 결정 계수를 score에 저장합니다.

- 오늘의 데이터로 내일의 종가 예측:
  - today_data = df.iloc[-1].to_numpy():
    - df 데이터 프레임의 마지막 행을 넘파이 배열로 변환하여 today_data에 저장합니다.
  - pred = model.predict([today_data])[0]:
    - 모델을 사용하여 내일의 종가를 예측하고, 예측값을 pred에 저장합니다.

- 예측 결과 출력:
  - date = str(df.iloc[-1].name + pd.Timedelta(days=1)).split()[0]:
    - 마지막 날짜에 하루를 더하여 예측 날짜를 계산합니다.
  - print(f"{date}의 삼성전자의 주식 예측 가격은 {int(pred):,}원입니다. 오차 범위는 {(1 - score) * 100:.2f}%입니다."):
    - 예측 결과와 모델의 오차 범위를 출력합니다.

XGBoost는 특성상 굉장히 많은 데이터도 빠르게 학습할 수 있다는 장점이 있습니다. 이 책에서도 데이터 수가 너무 많으면 랜덤 포레스트 모델 대신 XGBoost 모델로 대체하겠습니다.

7. 미래 국내 주식 가격 예측하기

랜덤 포레스트 모델을 사용해서 우리나라 국내 모든 주식 종목의 다음 날 가격을 예측하는 프로그램을 만들어 보겠습니다.

```
from sklearn.ensemble import RandomForestRegressor
from sklearn.model_selection import train_test_split
import FinanceDataReader as fdr
import pandas as pd

stocks = fdr.StockListing("KRX")

for s in range(len(stocks)):

    code = stocks.iloc[s]['Code']
    name = stocks.iloc[s]['Name']
    df = fdr.DataReader("NAVER:" + code).dropna()

    x = []
    y = []

    for i in range(len(df) - 1):

        a = df.iloc[i].to_numpy()
        b = df.iloc[i+1]['Close']

        x.append(a)
        y.append(b)
```

```
train_x, test_x, train_y, test_y = train_test_split(x, y)

model = RandomForestRegressor()
model.fit(train_x, train_y)
score = model.score(test_x, test_y)

today_data = df.iloc[-1].to_numpy()

pred = model.predict([today_data])[0]

date = str(df.iloc[-1].name + pd.Timedelta(days=1)).split()[0]

print(f"{date}의 {name}의 주식 예측 가격은 {int(pred):,}원입니다. 오차 범위는 {(1 - score) * 100:.2f}%입니다.")
```

2024-06-20의 삼성전자의 주식 예측 가격은 82,129원입니다. 오차 범위는 0.08%입니다.
2024-06-20의 SK하이닉스의 주식 예측 가격은 226,734원입니다. 오차 범위는 0.48%입니다.
2024-06-20의 LG에너지솔루션의 주식 예측 가격은 343,000원입니다. 오차 범위는 3.67%입니다.

…생략

2024-06-20의 셀트리온의 주식 예측 가격은 180,456원입니다. 오차 범위는 0.21%입니다.
2024-06-20의 KB금융의 주식 예측 가격은 79,699원입니다. 오차 범위는 1.12%입니다.
2024-06-20의 POSCO홀딩스의 주식 예측 가격은 370,355원입니다. 오차 범위는 0.38%입니다.

[코드 설명]
- 라이브러리 임포트:
  - from sklearn.ensemble import RandomForestRegressor:
    - 랜덤 포레스트 회귀 모델을 가져옵니다.
  - from sklearn.model_selection import train_test_split:
    - 데이터를 학습 세트와 테스트 세트로 나누기 위한 함수를 가져옵니다.
  - import FinanceDataReader as fdr:
    - 주식 데이터를 가져오는 FinanceDataReader 라이브러리를 가져옵니다.
  - import pandas as pd:
    - 데이터 처리를 위한 판다스 라이브러리를 가져옵니다.

- KRX 상장 종목 목록 가져오기:
  - stocks = fdr.StockListing("KRX"):
    - FinanceDataReader를 사용하여 KRX에 상장된 모든 종목의 목록을 가져옵니다.

- 종목별 데이터 처리:
  - for s in range(len(stocks))::
  - 모든 종목에 대해 반복합니다.
  - code = stocks.iloc[s]['Code']:
  - stocks 데이터 프레임의 s번째 행에서 종목 코드를 가져옵니다.
  - name = stocks.iloc[s]['Name']:
  - stocks 데이터 프레임의 s번째 행에서 종목 이름을 가져옵니다.
  - df = fdr.DataReader("NAVER:" + code).dropna():
  - 종목 코드를 사용하여 주식 데이터를 가져오고, 결측값을 제거합니다.

- 입력 및 출력 데이터 생성:
  - x = [], y = []:
  - 입력 데이터(특징)와 출력 데이터(목표)를 저장할 빈 리스트를 초기화합니다.
  - for i in range(len(df) - 1)::
  - df 데이터 프레임의 길이에서 1을 뺀 만큼 반복합니다.
  - a = df.iloc[i].to_numpy(): df 데이터 프레임의 i 번째 행을 넘파이 배열로 변환하여 a에 저장합니다.
  - b = df.iloc[i+1]['Close']: df 데이터 프레임의 i+1 번째 행의 'Close' 값을 b에 저장합니다.
  - x.append(a): a를 리스트 x에 추가합니다.
  - y.append(b): b를 리스트 y에 추가합니다.

- 데이터 분할:
  - train_x, test_x, train_y, test_y = train_test_split(x, y):
  - 데이터를 학습 세트와 테스트 세트로 분할합니다.

- 모델 학습:
  - model = RandomForestRegressor():
  - 랜덤 포레스트 회귀 모델을 초기화합니다.
  - model.fit(train_x, train_y):
  - 학습 데이터를 사용하여 모델을 학습시킵니다.

- 모델 평가:
  - score = model.score(test_x, test_y):
  - 테스트 데이터를 사용하여 모델의 성능을 평가하고, 결정 계수를 score에 저장합니다.

- 오늘의 데이터로 내일의 종가 예측:
  - today_data = df.iloc[-1].to_numpy():
  - df 데이터프레임의 마지막 행을 넘파이 배열로 변환하여 today_data에 저장합니다.

- pred = model.predict([today_data])[0]:
  - 모델을 사용하여 내일의 종가를 예측하고, 예측 값을 pred에 저장합니다.
- 예측 결과 출력:
  - date = str(df.iloc[-1].name + pd.Timedelta(days=1)).split()[0]:
    - 마지막 날짜에 하루를 더하여 예측 날짜를 계산합니다.
  - print(f"{date}의 {name}의 주식 예측 가격은 {int(pred):,}원입니다. 오차 범위는 {(1 - score) * 100:.2f}%입니다."):
    - 예측 결과와 모델의 오차 범위를 출력합니다.

국내 주식 모든 종목을 순서대로 예측하는 데 성공했습니다! 출력된 결과 중 상승할 것으로 예측된 종목 중 오차 범위가 낮은 종목 위주로 골라보면 좋은 전략이 될 것입니다. 이번에는 오늘 날짜를 기준으로 다음 날 주가가 오르는 종목들만 추천받아 보겠습니다.

```python
from sklearn.ensemble import RandomForestRegressor
from sklearn.model_selection import train_test_split
import FinanceDataReader as fdr
import pandas as pd

stocks = fdr.StockListing("KRX")

for s in range(len(stocks)):

    code = stocks.iloc[s]['Code']
    name = stocks.iloc[s]['Name']
    df = fdr.DataReader("NAVER:" + code).dropna()

    x = []
    y = []

    for i in range(len(df) - 1):

        a = df.iloc[i].to_numpy()
        b = df.iloc[i+1]['Close']

        x.append(a)
        y.append(b)
```

```python
train_x, test_x, train_y, test_y = train_test_split(x, y)

model = RandomForestRegressor()
model.fit(train_x, train_y)
score = model.score(test_x, test_y)

today_data = df.iloc[-1].to_numpy()

pred = model.predict([today_data])[0]

date = str(df.iloc[-1].name + pd.Timedelta(days=1)).split()[0]

today_price = int(df.iloc[-1]['Close'])

if today_price < pred:
    print(f"[{date}] {name} 추천! 현재 가격 {today_price:,}원 → 예측 가격 {int(pred):,}원(오차 범위 {(1 - score) * 100:.2f}%)")
```

[2024-06-21] 셀트리온 추천! 현재 가격 181,400원 → 예측 가격 182,316원(오차 범위 0.20%)
[2024-06-21] 삼성물산 추천! 현재 가격 135,500원 → 예측 가격 135,603원(오차 범위 1.90%)
[2024-06-21] 현대모비스 추천! 현재 가격 238,500원 → 예측 가격 240,480원(오차 범위 0.20%)

...생략

[2024-06-21] 카카오 추천! 현재 가격 42,550원 → 예측 가격 43,034원(오차 범위 0.14%)
[2024-06-21] LG전자 추천! 현재 가격 107,700원 → 예측 가격 108,950원(오차 범위 0.69%)

[코드 설명]
- 라이브러리 임포트:
  - from sklearn.ensemble import RandomForestRegressor:
    - 랜덤 포레스트 회귀 모델을 가져옵니다.
  - from sklearn.model_selection import train_test_split:
    - 데이터를 학습 세트와 테스트 세트로 나누기 위한 함수를 가져옵니다.
  - import FinanceDataReader as fdr:
    - 주식 데이터를 가져오는 FinanceDataReader 라이브러리를 가져옵니다.
  - import pandas as pd:
    - 데이터 처리를 위한 판다스 라이브러리를 가져옵니다.

- KRX 상장 종목 목록 가져오기:
  - stocks = fdr.StockListing("KRX"):
    - FinanceDataReader를 사용하여 KRX에 상장된 모든 종목의 목록을 가져옵니다.

- 각 종목별 데이터 처리:
  - for s in range(len(stocks))::
  - 모든 종목에 대해 반복합니다.
  - code = stocks.iloc[s]['Code']:
  - stocks 데이터 프레임의 s번째 행에서 종목 코드를 가져옵니다.
  - name = stocks.iloc[s]['Name']:
  - stocks 데이터 프레임의 s번째 행에서 종목 이름을 가져옵니다.
  - df = fdr.DataReader("NAVER:" + code).dropna():
  - 종목 코드를 사용하여 주식 데이터를 가져오고, 결측값을 제거합니다.

- 입력 및 출력 데이터 생성:
  - x = [], y = []:
  - 입력 데이터(특징)와 출력 데이터(목표)를 저장할 빈 리스트를 초기화합니다.
  - for i in range(len(df) - 1)::
  - df 데이터 프레임의 길이에서 1을 뺀 만큼 반복합니다.
  - a = df.iloc[i].to_numpy(): df 데이터 프레임의 i 번째 행을 넘파이 배열로 변환하여 a에 저장합니다.
  - b = df.iloc[i+1]['Close']: df 데이터 프레임의 i+1 번째 행의 'Close' 값을 b에 저장합니다.
  - x.append(a): a를 리스트 x에 추가합니다.
  - y.append(b): b를 리스트 y에 추가합니다.

- 데이터 분할:
  - train_x, test_x, train_y, test_y = train_test_split(x, y):
  - 데이터를 학습 세트와 테스트 세트로 분할합니다.

- 모델 학습:
  - model = RandomForestRegressor():
  - 랜덤 포레스트 회귀 모델을 초기화합니다.
  - model.fit(train_x, train_y):
  - 학습 데이터를 사용하여 모델을 학습시킵니다.

- 모델 평가:
  - score = model.score(test_x, test_y):
  - 테스트 데이터를 사용하여 모델의 성능을 평가하고, 결정 계수를 score에 저장합니다.

- 오늘의 데이터로 내일의 종가 예측:
  - today_data = df.iloc[-1].to_numpy():
  - df 데이터 프레임의 마지막 행을 넘파이 배열로 변환하여 today_data에 저장합니다.
  - pred = model.predict([today_data])[0]:
  - 모델을 사용하여 내일의 종가를 예측하고, 예측값을 pred에 저장합니다.

- 오늘의 종가 가져오기:
  - today_price = int(df.iloc[-1]['Close']):
  - 오늘의 종가를 정수로 변환하여 today_price에 저장합니다.

- 예측 결과 출력:
  - if today_price < pred::
  - 오늘의 종가가 예측 종가보다 낮으면 추천 메시지를 출력합니다.
  - print(f"[{date}] {name} 추천! 현재 가격 {today_price:,}원 → 예측 가격 {int(pred):,}원(오차 범위 {(1 - score) * 100:.2f}%)"):
  - 예측 결과와 모델의 오차 범위를 출력합니다.

매일매일 다음 날 추천 종목을 받는 프로그램을 완성했습니다! 데이터를 불러오는 내용부터 종목을 추천받는 내용까지 총 100줄도 안 되는 코드로 완성했습니다. 이것이 바로 파이썬의 힘입니다!

8. 하루 5% 이상 급등하는 종목 찾기

사실 주식 가격 예측에서 회귀 모델을 사용하는 것은 좋은 방법이 아닐 수 있습니다. 이는 머신러닝 모델의 특성 때문입니다. 머신러닝 모델은 낮은 오차율을 목표로 학습합니다. 이 과정에서 모델은 전날 주식 가격을 기준으로 다음 날의 가격을 예측하려 할 것입니다. 이는 전날 가격과 다음 날 가격이 크게 다르지 않을 가능성이 높기 때문입니다.

따라서 미래 주식 가격을 예측할 때는 회귀 모델보다는 분류 모델을 사용하는 것이 더 적합할 수 있습니다. 이번에는 하루에 5% 이상 급등하는 종목을 찾기 위해, 5% 이상 급등하면 1, 그렇지 않으면 0으로 정답지를 분류하여 머신러닝 모델을 만들고 학습해 보겠습니다.

"하루에 5% 이상 급등하는 종목 찾기"라는 제목을 보고 의구심을 가질 수 있지만, 이렇게 하는 이유는 작은 변동 폭을 예측하는 것보다 5% 이상 급등하는 종목이라는 이상치를 찾는 것이 머신러닝 모델에 더 쉬운 학습법이기 때문입니다.

앞에서 랜덤 포레스트 모델이 전반적으로 좋은 성능을 낸다는 것을 알게 되었습니다. 이번 장에서는 랜덤 포레스트 분류 모델을 사용하여 다음 날 주식 가격이 5% 이상 오르는지 여부를 분류하는 모델을 만들고 그 성능을 확인해 보겠습니다. 이전처럼 먼저 삼성전자 주식 가격이 다음 날 5% 이상 오를지 오르지 않을지를 분류하는 머신러닝 모델을 만들고 성능을 확인해 보면서 공부해 보겠습니다.

```
from sklearn.ensemble import RandomForestClassifier
from sklearn.model_selection import train_test_split
from sklearn.metrics import classification_report
import FinanceDataReader as fdr
import pandas as pd

df = fdr.DataReader("005930").dropna()

x = []
y = []

for i in range(len(df) - 1):

    a = df.iloc[i].to_numpy()
    b = int(df.iloc[i]['Close'] * 1.05 <= df.iloc[i+1]['Close'])

    x.append(a)
    y.append(b)

train_x, test_x, train_y, test_y = train_test_split(x, y)

model = RandomForestClassifier()
model.fit(train_x, train_y)

report = classification_report(test_y, model.predict(test_x))
print(report)
```

```
              precision    recall  f1-score   support

           0       0.97      1.00      0.99      1461
           1       0.25      0.03      0.05        39

    accuracy                           0.97      1500
   macro avg       0.61      0.51      0.52      1500
weighted avg       0.96      0.97      0.96      1500
```

그림 4-7

[코드 설명]
- 라이브러리 임포트:
  - from sklearn.ensemble import RandomForestClassifier:
    - 랜덤 포레스트 분류 모델을 가져옵니다.
  - from sklearn.model_selection import train_test_split:
    - 데이터를 학습 세트와 테스트 세트로 나누기 위한 함수를 가져옵니다.
  - from sklearn.metrics import classification_report:
    - 분류 모델의 성능 평가를 위한 보고서를 생성하는 함수를 가져옵니다.
  - import FinanceDataReader as fdr:
    - 주식 데이터를 가져오는 FinanceDataReader 라이브러리를 가져옵니다.
  - import pandas as pd:
    - 데이터 처리를 위한 판다스 라이브러리를 가져옵니다.

- 주식 데이터 가져오기 및 결측값 제거:
  - df = fdr.DataReader("005930").dropna():
    - '005930'은 삼성전자의 종목 코드입니다.
    - fdr.DataReader("005930")는 삼성전자의 주식 데이터를 가져옵니다.
    - dropna()는 결측값이 있는 행을 제거합니다.

- 입력 및 출력 데이터 생성:
  - x = [], y = []:
    - 입력 데이터(특징)와 출력 데이터(목표)를 저장할 빈 리스트를 초기화합니다.
  - for i in range(len(df) - 1)::
    - df 데이터 프레임의 길이에서 1을 뺀 만큼 반복합니다.
    - a = df.iloc[i].to_numpy(): df 데이터 프레임의 i 번째 행을 넘파이 배열로 변환하여 a에 저장합니다.
    - b = int(df.iloc[i]['Close'] * 1.05 <= df.iloc[i+1]['Close']): df 데이터 프레임의 i 번째 행의 'Close' 값에 1.05를 곱한 값이 다음 날의 'Close' 값보다 작거나 같은지 여부를 이진값(0 또는 1)으로 저장합니다.
    - x.append(a): a를 리스트 x에 추가합니다.
    - y.append(b): b를 리스트 y에 추가합니다.

- 데이터 분할:
  - train_x, test_x, train_y, test_y = train_test_split(x, y):
    - 데이터를 학습 세트와 테스트 세트로 분할합니다.

- 모델 학습:
  - model = RandomForestClassifier():
    - 랜덤 포레스트 분류 모델을 초기화합니다.
  - model.fit(train_x, train_y):
    - 학습 데이터를 사용하여 모델을 학습시킵니다.

- 모델 평가:
  - report = classification_report(test_y, model.predict(test_x)):
    - 테스트 데이터를 사용하여 모델의 성능을 평가하고, 성능 보고서를 생성합니다.
  - print(report):
    - 성능 보고서를 출력합니다.

이 코드는 주식 데이터에서 각 행을 특징으로, 다음 날의 종가가 오늘 종가의 1.05배 이상인지 여부를 목표로 하는 데이터 세트를 생성하여 랜덤 포레스트 분류 모델을 학습시킵니다. 출력 결과는 삼성전자 주식 데이터를 분류 학습한 랜덤 포레스트 모델의 성능 평가표입니다. 분류 모델은 주로 정확도, 정밀도, 재현율을 보고 모델의 성능을 평가합니다. (만약 정밀도가 너무 낮게 나온다면 1.05배 미만 값을 설정하세요.)

1) 정확도(Accuracy)
정확도는 전체 데이터 중에서 모델이 올바르게 예측한 비율을 나타냅니다. 쉽게 말해, 모델의 전체 예측 중 맞춘 비율입니다.

2) 정밀도(Precision)
정밀도는 모델이 1로 예측한 것 중에서 실제로 1인 것의 비율을 나타냅니다. 즉, 모델이 양성(Positive)이라고 판단한 것들이 얼마나 정확한지를 측정합니다.

3) 재현율(Recall)
재현율은 실제로 1인 것 중에서 모델이 1로 예측한 비율을 나타냅니다. 즉, 실제 양성을 얼마나 잘 찾아냈는지를 측정합니다.

주식 예측 모델을 실제로 사용하기 위해서는 정밀도(Precision)에 유심히 주의를 기울여야 합니다. 정밀도는 모델이 예측한 결과 중 실제로 맞춘 비율을 나타냅니다. 출력 결과에서 다음 날 5% 이상 급등하는 종목을 맞출 확률인 정밀도 값은 빨간 박스로 강조되어 있습니다.

- 클래스 0(5% 이상 급등하지 않는 경우)
  - 정밀도 0.97: 모델이 내일 삼성전자가 5% 이상 오르지 않을 것으로 예측한 경우, 실제로 그 예측이 맞을 확률은 97%입니다.

- 클래스 1(5% 이상 급등하는 경우)
  - 정밀도 0.25: 모델이 내일 삼성전자가 5% 이상 오를 것으로 예측한 경우, 실제로 그 예측이 맞을 확률은 25%입니다.

즉, 내일 삼성전자의 주식이 5% 이상 오를지 여부를 예측할 때, 모델이 오를 것으로 예측한 경우 그 예측이 맞을 확률은 25%에 불과하지만, 오르지 않을 것으로 예측한 경우 그 예측이 맞을 확률은 97%입니다. 이제, 랜덤 포레스트 모델을 사용하여 내일 삼성전자 주식이 오를지 떨어질지를 예측해 보겠습니다.

```python
today_data = df.iloc[-1].to_numpy()
date = str(df.iloc[-1].name + pd.Timedelta(days=1)).split()[0]

pred = model.predict([today_data])[0]

if pred:
    print(f"{date}기준 삼성전자 주식은 내일 5% 이상 급등합니다.")
else:
    print(f"{date}기준 삼성전자 주식은 내일 5% 이상 급등하지 못할 것입니다.")
```

2024-06-21기준 삼성전자 주식은 내일 5% 이상 급등하지 못할 것입니다.

[코드 설명]
- 라이브러리 임포트:
  - from sklearn.ensemble import RandomForestClassifier:
    - 랜덤 포레스트 분류 모델을 가져옵니다.
  - from sklearn.model_selection import train_test_split:
    - 데이터를 학습 세트와 테스트 세트로 나누기 위한 함수를 가져옵니다.
  - from sklearn.metrics import classification_report:
    - 분류 모델의 성능 평가를 위한 보고서를 생성하는 함수를 가져옵니다.

- import FinanceDataReader as fdr:
  - 주식 데이터를 가져오는 FinanceDataReader 라이브러리를 가져옵니다.
- import pandas as pd:
  - 데이터 처리를 위한 판다스 라이브러리를 가져옵니다.

- 주식 데이터 가져오기 및 결측값 제거:
  - df = fdr.DataReader("005930").dropna():
  - '005930'은 삼성전자의 종목 코드입니다.
  - fdr.DataReader("005930")는 삼성전자의 주식 데이터를 가져옵니다.
  - dropna()는 결측값이 있는 행을 제거합니다.

- 입력 및 출력 데이터 생성:
  - x = [], y = []:
  - 입력 데이터(특징)와 출력 데이터(목표)를 저장할 빈 리스트를 초기화합니다.
  - for i in range(len(df) - 1)::
  - df 데이터 프레임의 길이에서 1을 뺀 만큼 반복합니다.
  - a = df.iloc[i].to_numpy(): df 데이터 프레임의 i 번째 행을 넘파이 배열로 변환하여 a에 저장합니다.
  - b = int(df.iloc[i]['Close'] * 1.05 <= df.iloc[i+1]['Close']): df 데이터 프레임의 i 번째 행의 'Close' 값에 1.05를 곱한 값이 다음 날의 'Close' 값보다 작거나 같은지 여부를 이진값(0 또는 1)으로 저장합니다.
  - x.append(a): a를 리스트 x에 추가합니다.
  - y.append(b): b를 리스트 y에 추가합니다.

- 데이터 분할:
  - train_x, test_x, train_y, test_y = train_test_split(x, y):
  - 데이터를 학습 세트와 테스트 세트로 분할합니다.

- 모델 학습:
  - model = RandomForestClassifier():
  - 랜덤 포레스트 분류 모델을 초기화합니다.
  - model.fit(train_x, train_y):
  - 학습 데이터를 사용하여 모델을 학습시킵니다.

- 모델 평가:
  - report = classification_report(test_y, model.predict(test_x)):
  - 테스트 데이터를 사용하여 모델의 성능을 평가하고, 성능 보고서를 생성합니다.
  - print(report):
  - 성능 보고서를 출력합니다.

- 오늘의 데이터로 내일의 급등 여부 예측:
  - today_data = df.iloc[-1].to_numpy():
  - df 데이터프레임의 마지막 행을 넘파이 배열로 변환하여 today_data에 저장합니다.

- date = str(df.iloc[-1].name + pd.Timedelta(days=1)).split()[0]:
  - 마지막 날짜에 하루를 더하여 예측 날짜를 계산합니다.
- pred = model.predict([today_data])[0]:
  - 모델을 사용하여 내일의 급등 여부를 예측하고, 예측 값을 pred에 저장합니다.

• 예측 결과 출력:
  - if pred::
    - 예측값이 1이면(급등이 예상되면) 다음 메시지를 출력합니다:
    - print(f"{date} 기준 삼성전자 주식은 내일 5% 이상 급등합니다.")
  - else::
    - 예측값이 0이면(급등이 예상되지 않으면) 다음 메시지를 출력합니다:
    - print(f"{date} 기준 삼성전자 주식은 내일 5% 이상 급등하지 못할 것입니다.")

이 코드는 주식 데이터에서 각 행을 특징으로, 다음 날의 종가가 오늘 종가의 1.05배 이상인지 여부를 목표로 하는 데이터 세트를 생성하여 랜덤 포레스트 분류 모델을 학습시킵니다. 모델의 성능을 평가하고, 오늘의 데이터를 기반으로 내일의 종가가 5% 이상 급등할지를 예측하여 출력합니다. 2024년 6월 21일 기준, 랜덤 포레스트 모델은 6월 22일에 삼성전자 주식이 5% 이상 급등하지 못할 것으로 예측했습니다. 이는 모델이 0으로 예측했다는 의미이며, 앞서 확인한 성능에 따르면 이 예측이 97%의 확률로 적중할 것임을 나타냅니다.

모델의 현재 성능에서 5% 이상 급등하는 종목을 맞출 확률은 25%에 불과하지만, 이에 좌절할 필요는 없습니다. 앞으로 모델의 1 예측 정밀도를 계속해서 높일 계획입니다. 사실, 하루에 5% 이상 급등하는 종목을 맞출 확률이 25%라는 것도 이미 상당히 높은 수치입니다.

이와 같은 방식으로 모델의 성능을 지속적으로 개선하여, 더 정확한 주식 예측을 가능하게 하겠습니다.

9. 모델 성능 높이기

하루에 5% 이상 급등하는 주식을 잘 찾지 못하는 이유는 여러 가지가 있을 수 있습니다. 머신러닝 모델이 참고한 특성은 시가, 고가, 저가, 종가, 거래량, 변화율로 제한되어 있었습니다. 이에 따라 중요한 특징이 누락되었을 가능성이 있습니다. 또한, 모델이 바로 전날의 데이터를 기반으로 학습했다는 점도 문제일 수 있습니다. 그리고 데이터가 한 종목만 학습해 데이터의 수가 부족했을 수도 있습니다. 그리고 전날의 데이터만으로는 다음 날의 급등 여부를 정확하게 예측하기에 충분하지 않을 수 있습니다. 이러한 문제를 해결하려면 단기 데이터를 사용하는 대신, 다양한 종목의 이전 50일 치 또는 100일 치와 같이 더 긴 기간의 데이터를 사용하면 더 나은 성능을 기대할 수 있습니다. 긴 기간의 데이터는 시장의 추세와 패턴을 더 잘 반영할 수 있기 때문입니다. 이번에는 모델의 성능을 높이기 위해 바로 전날의 데이터를 사용하는 대신, 100일 치 RSI와 변화율 데이터를 모두 모아 모은 데이터를 통해 다음 날의 가격을 예측하는 모델을 학습시키고, 그 성능을 평가해 보겠습니다. 또한 국내 모든 주식을 학습시키는 것이라 데이터가 너무 많아서 랜덤 포레스트 모델을 사용하면 몇 시간 동안 실행이 될 수 있어 비교적 빠른 XGBoost 모델을 사용하겠습니다. RSI와 변화율을 선택한 이유는 모든 종목이 동일한 범위를 가지기 때문입니다. 이를 통해 더 나은 예측 성능을 달성할 수 있을 것입니다. (그래도 시간이 오래 걸릴 수도 있습니다.)

```python
from xgboost import XGBClassifier
from sklearn.model_selection import train_test_split
from sklearn.metrics import classification_report
from tqdm import tqdm
import FinanceDataReader as fdr
import pandas as pd

def calculate_rsi(data, window):

    # 가격 변화
    delta = data.diff()

    # 상승과 하락 분리
    gain = delta.where(delta > 0, 0)
    loss = -delta.where(delta < 0, 0)

    # 이동 평균 계산
    avg_gain = gain.rolling(window=window, min_periods=1).mean()
    avg_loss = loss.rolling(window=window, min_periods=1).mean()

    # 상대 강도 계산
    rs = avg_gain / avg_loss

    # RSI 계산
    rsi = 100 - (100 / (1 + rs))

    return rsi

stocks = fdr.StockListing("KRX")

window = 100

x = []
y = []

for s in tqdm(range(len(stocks))):

    code = stocks.iloc[s]['Code']
    name = stocks.iloc[s]['Name']

    df = fdr.DataReader("NAVER:" + code)
    df['RSI'] = calculate_rsi(df['Close'], 14)
    df = df.dropna()
```

```
        for i in range(len(df) - window):

            a = df.iloc[i : i + window][['RSI', 'Change']].to_numpy().flatten()
            b = int(df.iloc[i + window - 1]['Close'] * 1.05 <= df.iloc[i + window]
['Close'])

            x.append(a)
            y.append(b)

    train_x, test_x, train_y, test_y = train_test_split(x, y)

    model = XGBClassifier()
    model.fit(train_x, train_y)

    report = classification_report(test_y, model.predict(test_x))
    print(report)
```

```
              precision    recall  f1-score   support

           0       0.95      1.00      0.97   2233541
           1       0.59      0.02      0.04    131087

    accuracy                           0.94   2364628
   macro avg       0.77      0.51      0.51   2364628
weighted avg       0.93      0.94      0.92   2364628
```

그림 4-8

[코드 설명]
- 라이브러리 임포트:
  - from xgboost import XGBClassifier:
    - XGBoost 분류 모델을 가져옵니다.
  - from sklearn.model_selection import train_test_split:
    - 데이터를 학습 세트와 테스트 세트로 나누기 위한 함수를 가져옵니다.
  - from sklearn.metrics import classification_report:
    - 분류 모델의 성능 평가를 위한 보고서를 생성하는 함수를 가져옵니다.
  - from tqdm import tqdm:
    - 반복 작업의 진행률을 시각화하는 라이브러리를 가져옵니다.

- import FinanceDataReader as fdr:
  - 주식 데이터를 가져오는 FinanceDataReader 라이브러리를 가져옵니다.
- import pandas as pd:
  - 데이터 처리를 위한 판다스 라이브러리를 가져옵니다.

- RSI 계산 함수 정의:
  - def calculate_rsi(data, window)::
    - 주어진 데이터에 대해 RSI(Relative Strength Index)를 계산하는 함수를 정의합니다.
  - delta = data.diff():
    - 데이터의 차이를 계산합니다.
  - gain = delta.where(delta > 0, 0):
    - 양의 변화량을 분리합니다.
  - loss = -delta.where(delta < 0, 0):
    - 음의 변화량을 분리하고 부호를 반전시킵니다.
  - avg_gain = gain.rolling(window=window, min_periods=1).mean():
    - 윈도우 크기 내의 평균 상승분을 계산합니다.
  - avg_loss = loss.rolling(window=window, min_periods=1).mean():
    - 윈도우 크기 내의 평균 하락분을 계산합니다.
  - rs = avg_gain / avg_loss:
    - 상대 강도를 계산합니다.
  - rsi = 100 - (100 / (1 + rs)):
    - RSI를 계산합니다.

- KRX 상장 종목 목록 가져오기:
  - stocks = fdr.StockListing("KRX"):
    - FinanceDataReader를 사용하여 KRX에 상장된 모든 종목의 목록을 가져옵니다.

- 데이터 생성 및 준비:
  - window = 100:
    - 입력 데이터의 윈도우 크기를 설정합니다.
  - x = [], y = []:
    - 입력 데이터(특징)와 출력 데이터(목표)를 저장할 빈 리스트를 초기화합니다.
  - for s in tqdm(range(len(stocks)))::
    - 모든 종목에 대해 반복 작업을 진행하며, 진행률을 시각화합니다.
  - code = stocks.iloc[s]['Code']:
    - 종목 코드를 가져옵니다.
  - name = stocks.iloc[s]['Name']:
    - 종목 이름을 가져옵니다.
  - df = fdr.DataReader("NAVER:" + code):
    - 종목 데이터를 가져옵니다.
  - df['RSI'] = calculate_rsi(df['Close'], 14):
    - 14일 RSI를 계산하여 데이터 프레임에 추가합니다.

- df = df.dropna():
  - 결측값을 제거합니다.

- 입력 및 출력 데이터 생성:
  - for i in range(len(df) - window)::
    - 주어진 윈도우 크기 동안 입력 및 출력 데이터를 생성합니다.
    - a = df.iloc[i : i + window][['RSI', 'Change']].to_numpy().flatten():
      윈도우 크기 내의 RSI와 변동률을 입력 데이터로 사용합니다.
    - b = int(df.iloc[i + window - 1]['Close'] * 1.05 <= df.iloc[i + window]['Close']):
      윈도우 기간 내의 종가가 5% 이상 상승했는지 여부를 출력 데이터로 사용합니다.
    - x.append(a):
      입력 데이터를 리스트에 추가합니다.
    - y.append(b):
      출력 데이터를 리스트에 추가합니다.

- 데이터 분할:
  - train_x, test_x, train_y, test_y = train_test_split(x, y):
    - 데이터를 학습 세트와 테스트 세트로 분할합니다.

- 모델 학습:
  - model = XGBClassifier():
    - XGBoost 분류 모델을 초기화합니다.
  - model.fit(train_x, train_y):
    - 학습 데이터를 사용하여 모델을 학습시킵니다.

- 모델 평가:
  - report = classification_report(test_y, model.predict(test_x)):
    - 테스트 데이터를 사용하여 모델의 성능을 평가하고, 성능 보고서를 생성합니다.
  - print(report):
    - 성능 보고서를 출력합니다.

이 코드는 주식 데이터에서 각 행을 특징으로, 다음 날의 종가가 오늘 종가의 1.05배 이상인지 여부를 목표로 하는 데이터 세트를 생성하여 XGBoost 분류 모델을 학습시킵니다. 하루에 5% 이상 급등하는 종목을 맞출 확률을 약 59%까지 상승시켰습니다! 자 그럼 이 획습된 인공지능 모델을 활용해서 다음 날 5% 이상 오르는 주식을 발굴해 보겠습니다.

```
for s in range(len(stocks)):

    code = stocks.iloc[s]['Code']
    name = stocks.iloc[s]['Name']

    df = fdr.DataReader("NAVER:" + code)
    df['RSI'] = calculate_rsi(df['Close'], 14)
    df = df.dropna()

    today_data = df.iloc[-window:][['RSI', 'Change']].to_numpy().flatten()

    try:
        pred = model.predict([today_data])[0]
    except:
        continue

    if pred:
        print(name)
```

에코프로머티

[코드 설명]
- 종목별 데이터 처리:
  - for s in range(len(stocks))::
    - 모든 종목에 대해 반복합니다.
  - code = stocks.iloc[s]['Code']:
    - stocks 데이터 프레임의 s 번째 행에서 종목 코드를 가져옵니다.
  - name = stocks.iloc[s]['Name']:
    - stocks 데이터 프레임의 s 번째 행에서 종목 이름을 가져옵니다.
  - df = fdr.DataReader("NAVER:" + code):
    - 종목 코드를 사용하여 주식 데이터를 가져옵니다.

- RSI 계산 및 데이터 준비:
  - df['RSI'] = calculate_rsi(df['Close'], 14):
    - 14일 RSI를 계산하여 데이터 프레임에 추가합니다.
  - df = df.dropna():
    - 결측값을 제거합니다.
  - today_data = df.iloc[-window:][['RSI', 'Change']].to_numpy().flatten():
    - 마지막 window 기간의 RSI와 변동률을 입력 데이터로 사용합니다.
    - flatten() 메서드를 사용하여 1차원 배열로 변환합니다.

- 모델 예측:
  - try::
    - 예측을 시도합니다.
  - pred = model.predict([today_data])[0]:
    - 오늘의 데이터를 사용하여 모델이 내일의 종가가 5% 이상 상승할지 여부를 예측합니다.
    - 예측값(pred)이 1이면 종가가 5% 이상 상승할 것으로 예측합니다.
  - except::
    - 예측 과정에서 오류가 발생할 경우 해당 종목을 건너뜁니다.

- 예측 결과 출력:
  - if pred::
    - 예측값이 1이면(종가가 5% 이상 상승할 것으로 예측되면) 종목 이름을 출력합니다.
    - print(name): 종목 이름을 출력합니다.

이 코드는 KRX에 상장된 모든 종목에 대해 주식 데이터를 가져와 각 종목의 내일 종가가 5% 이상 상승할지를 예측하고 예측 결과가 긍정적(종가가 5% 이상 상승할 것으로 예측됨)인 종목의 이름을 출력합니다. 약 3,000개 중에 추천해 주는 주식이 단 1개밖에 없네요. (하루에 5% 이상 급등하는 종목을 찾는 것은 원래 매우 힘이 드는 일입니다.) 현재 시점 머신러닝 모델이 추천한 에코프로머티 종목은 다음 날 주식 가격이 5% 이상 급등할 확률이 59%라는 의미로 해석하면 됩니다.

10. 강화 학습을 활용한 상승 추세 종목 발굴하기

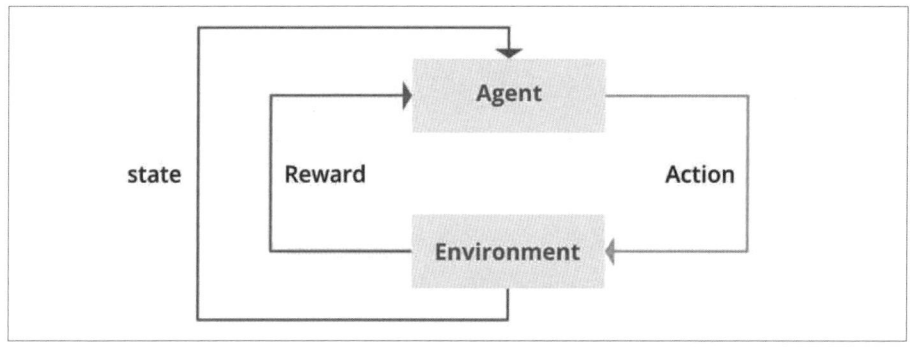

그림 4-9

강화 학습(Reinforcement Learning, RL)은 기계 학습의 한 분야로, 에이전트(Agent)가 환경(Environment)과 상호 작용하면서 주어진 목표를 달성하기 위해 최적의 행동(Action)을 학습하는 방법입니다. 강화 학습은 보상(Reward)을 최대화하는 일련의 행동 전략(Policy)을 학습하는 것을 목표로 합니다. 강화 학습은 우리가 앞에서 배웠던 지도 학습 개념보다는 조금 더 복잡하고 어려운 편입니다. 이 책에서는 강화 학습의 가장 기본적인 개념인 엡실론-그리디 알고리즘을 사용해서 상승 추세 종목을 발굴합니다. 개념은 좀 어렵게 들릴지 몰라도 막상 내용은 그다지 어렵지 않으니 걱정 마세요.

1) 엡실론-그리디 알고리즘

엡실론-그리디(Epsilon-Greedy) 알고리즘은 강화 학습에서 탐험(Exploration)과 활용(Exploitation) 사이의 균형을 유지하기 위해 사용되는 방법의 하나입니다. 에이전트가 최적의 정책을 학습하는 과정에서 새로운 상태와 행동을 탐색하면서도 현재까지 학습한 정보를 최대한 활용할 수 있도록 도와줍니다. 이 책에서는 완전한 앱실론-그리디 알고리즘을 구현하지는 않으며, 주식 예측에 필요한 정도만 일부분 적용해서 진행합니다.

2) 탐험과 활용의 문제

강화 학습에서 에이전트는 두 가지 중요한 작업을 수행해야 합니다:

- **탐험(Exploration)**: 새로운 상태와 행동을 시도하여 더 많은 정보를 수집합니다.
- **활용(Exploitation)**: 현재까지 학습한 정보를 기반으로 최적의 행동을 선택하여 보상을 최대화합니다.

탐험을 많이 하면 새로운 정보는 많이 얻을 수 있지만, 보상은 낮을 수 있습니다. 반면에 활용만 하면 현재의 최적 정책을 따르지만, 더 좋은 정책을 찾지 못할 수도 있습니다. 엡실론-그리디 알고리즘은 이 두 가지를 균형 있게 조절합니다.

엡실론-그리디 알고리즘은 다음과 같은 방식으로 작동합니다:

- **엡실론(ϵ) 값**: 탐험할 확률을 나타내는 매개변수입니다. 일반적으로 0과 1 사이의 값을 가집니다.
- **랜덤 행동 선택**: ϵ의 확률로 에이전트는 무작위로 행동을 선택하여 탐험을 수행합니다.
- **최적 행동 선택**: ϵ의 확률로 현재 학습된 정책에서 가장 보상이 높을 것으로 예상되는 행동을 선택하여 활용합니다.

3) 알고리즘 과정

(1) 초기화: ϵ 값을 설정합니다. 예를 들어, ϵ이 0.1이라면 10%의 확률로 탐험하고, 90%의 확률로 최적 행동을 선택합니다.

(2) 행동 선택:
- ϵ의 확률로 랜덤한 행동을 선택하여 탐험합니다.
- 개선된 ϵ의 확률로 현재 상태에서 최적의 행동을 선택합니다.

(3) 보상 수집 및 정책 업데이트: 선택한 행동의 결과로 보상을 수집하고, Q-값 또는 정책을 업데이트합니다.

(4) 반복: 학습이 완료될 때까지 이 과정을 반복합니다.

그림 4-10

개념이 조금 어렵죠? 쉽게 이해할 수 있도록 예를 하나 들어 보겠습니다. 만약에 버튼을 누르면 80% 확률로 이겨서 상금 100만 원을 받고, 20% 확률로 져서 벌금 100만 원을 내는 버튼이 있다면 그 버튼을 누를 건가요? 아마 대부분은 이길 확률이 80%라 버튼을 누를 것입니다. 하지만 버튼의 승률이 80%인지 모른다면 어떨까요? 버튼을 누르기가 아주 어렵겠죠? 그렇다면 버튼의 승률이 몇 %인지 확인하려면 어떻게 할 수 있을까요? 다른 사람이 버튼을 누를 때마다 기록해 놓고 평균을 구하면 됩니다. 100번 눌렀더니 대략 80번 이기면 버튼의 승률이 대략 80%라는 것을 추론할 수 있으니까요. 이런 경우를 파이썬을 통해 시뮬레이션해 보겠습니다. 우선 랜덤한 확률을 가진 게임기를 하나 만들어 보겠습니다.

```
import random

game = random.random()
game
```

```
0.6680376361222065
```

> **[코드 설명]**
> - 라이브러리 임포트:
>   - import random:
>   - 난수 생성을 위한 random 라이브러리를 가져옵니다.
>
> - 난수 생성:
>   - game = random.random():
>   - 0.0 이상 1.0 미만의 난수(실수)를 생성하여 game 변수에 저장합니다.

필자가 만든 게임기는 대략 이길 확률이 66%네요. 우리는 게임기의 확률을 알고 있지만 모른다고 가정해 보겠습니다. 이 게임기의 승률을 추론하기 위해서는 여러 번 게임을 해보면서 이긴 횟수를 평균 내면 대략 게임기의 승률을 알 수가 있습니다. 10,000번 시뮬레이션해 보면서 게임기의 승률을 추론해 보겠습니다.

```
count = 0
for i in range(10000):
    if game > random.random():
        count += 1

count / 10000
```

```
0.6741
```

[코드 설명]
- 변수 초기화:
  - count = 0:
    - count 변수를 0으로 초기화합니다. 이 변수는 조건을 만족하는 경우의 수를 세기 위해 사용됩니다.

- 반복문 실행:
  - for i in range(10000)::
    - 0부터 9999까지 총 10,000번 반복하는 루프를 시작합니다.

- 조건 검사 및 카운트 증가:
  - if game > random.random()::
    - random.random() 함수는 0.0 이상 1.0 미만의 난수를 생성합니다.
    - game 변수에 저장된 값이 새로 생성된 난수보다 큰 경우, 조건이 참이 됩니다.
  - count += 1:
    조건이 참이면 count 변수를 1 증가시킵니다.

- 비율 계산:
  - count / 10000:
    - count 변수를 10,000으로 나누어 조건을 만족한 비율을 계산합니다.

10,000번 시뮬레이션한 결과 게임기의 승률과 거의 비슷하게 추론해낼 수가 있었습니다! 주식도 마찬가지입니다. 특정 주식이 있다면 그 주식은 오를 확률이 높을지, 떨어질 확률이 높을지 알 수가 없습니다. 하지만 여러 번 시뮬레이션해 보면서 우리가 앞서 게임기의 확률을 추론했던 것처럼 특정 주식의 오를 확률을 추론하려고 합니다. 자 그럼 삼성전자 주식 가격이 오를 확률을 평균 내볼까요? 이번에는 삼성전자 주식의 다음 날 주가가 5% 이상 오르면 승리, 아니면 패배로 가정하고 시뮬레이션해 보겠습니다.

```
df = fdr.DataReader("005930")

count = 0

for i in range(len(df) - 1):
    if df.iloc[i]['Close'] * 1.05 < df.iloc[i+1]['Close']:
        count += 1
```

```
count / (len(df) - 1)
0.07017836306051009
```

[코드 설명]
- 주식 데이터 가져오기:
  - df = fdr.DataReader("005930"):
    - '005930'은 삼성전자의 종목 코드입니다.
    - fdr.DataReader("005930")는 삼성전자의 주식 데이터를 가져옵니다.
    - 이 데이터는 날짜별 주가 정보를 포함합니다.

- 변수 초기화:
  - count = 0:
    - count 변수를 0으로 초기화합니다. 이 변수는 주가가 5% 이상 상승한 경우의 수를 세기 위해 사용됩니다.

- 반복문 실행:
  - for i in range(len(df) - 1)::
    - 0부터 데이터 프레임의 길이 - 2까지 반복하는 루프를 시작합니다.

- 조건 검사 및 카운트 증가:
  - if df.iloc[i]['Close'] * 1.05 < df.iloc[i+1]['Close']::
    - df.iloc[i]['Close']는 i 번째 행의 종가를 가져옵니다.
    - df.iloc[i+1]['Close']는 i+1 번째 행의 종가를 가져옵니다.
    - i 번째 행의 종가에 1.05를 곱한 값이 i+1 번째 행의 종가보다 작으면 조건이 참이 됩니다.
  - count += 1:
    - 조건이 참이면 count 변수를 1 증가시킵니다.

- 비율 계산:
  - count / (len(df) - 1):
    - count 변수를 전체 비교 횟수(데이터 프레임 길이 - 1)로 나누어 조건을 만족한 비율을 계산합니다.

삼성전자 주식이 하루에 5% 이상 오를 확률이 약 7%라는 것을 알아냈습니다. 하지만 이 코드는 몇 가지 문제가 있습니다. 현재 코드에서는 처음부터 끝까지 삼성전자 주식 가격이 몇 번 올랐는지를 세어보고 평균을 내므로 실시간으로 확률을 추론할 수 없습니다. 오직 for 문이 끝난 후에야 확률을 추론할 수 있습니다.

이 문제는 앞에서 설명한 엡실론-그리디 알고리즘의 핵심인 밴디트 알고리즘을 사용하면 쉽게 해결할 수 있습니다. Q(주식의 급등 확률) 값을 우리가 처음에는 모르므로 0으로 초기화한 후, 삼성전자 주식이 5% 오를 때마다 보상을 1로, 그렇지 않으면 0으로 설정합니다. 그리고 보상에서 Q 값을 빼고 시행 횟수만큼 나누면 실시간으로 삼성전자 주식의 급등 확률을 추론할 수 있습니다. 이것이 강화 학습의 기본 원리인 엡실론-그리디 알고리즘의 일부인 밴디트 알고리즘입니다.

```python
df = fdr.DataReader("005930")

Q = 0

for i in range(len(df) - 1):

    if df.iloc[i]['Close'] * 1.05 < df.iloc[i+1]['Close']:
        reward = 1
    else:
        reward = 0

    Q += (reward - Q) / (i + 1)

Q
```

0.07017836306050979

[코드 설명]
- 주식 데이터 가져오기:
  - df = fdr.DataReader("005930"):
    - '005930'은 삼성전자의 종목 코드입니다.
    - fdr.DataReader("005930")는 삼성전자의 주식 데이터를 가져옵니다.
    - 이 데이터는 날짜별 주가 정보를 포함합니다.

- 변수 초기화:
  - Q = 0:
    - Q 변수를 0으로 초기화합니다. 이 변수는 이동 평균 보상 값을 저장합니다.

- 반복문 실행:
  - for i in range(len(df) - 1)::
    - 0부터 데이터 프레임의 길이 - 2까지 반복하는 루프를 시작합니다.

- 조건 검사 및 보상 계산:
  - if df.iloc[i]['Close'] * 1.05 < df.iloc[i+1]['Close']::
  - df.iloc[i]['Close']는 i 번째 행의 종가를 가져옵니다.
  - df.iloc[i+1]['Close']는 i+1 번째 행의 종가를 가져옵니다.
  - i 번째 행의 종가에 1.05를 곱한 값이 i+1 번째 행의 종가보다 작으면 조건이 참이 됩니다.
  - 조건이 참이면 reward = 1:
    보상 값을 1로 설정합니다.
  - 조건이 거짓이면 reward = 0:
    보상 값을 0으로 설정합니다.

- 이동 평균 보상 계산:
  - Q += (reward - Q) / (i + 1):
  - 이동 평균 보상 값을 업데이트합니다.
  - 새로운 보상 값을 반영하여 Q 값을 업데이트합니다.
  - 이는 새로운 보상 값을 현재 Q 값에 점진적으로 반영하는 방법입니다.

밴디트 알고리즘을 통해서 삼성전자의 급등 확률을 똑같이 추론해 냈습니다! 여기까지 잘 이해하셨다면 한 가지 의문이 들 것입니다.

> "주식이 상승장이 있고 하락장이 있는데 오를 확률이
> 항상 7%는 아니고 항상 바뀌지 않을까?"

이러한 의문이 들었다면 여기까지 아주 잘 이해해 주신 것입니다. 지금까지 진행했던 내용은 전체적인 승률이고 현재가 상승장인지 하락장인지 최신 경향에 대한 내용이 들어 있지 않습니다. 위에서 진행했던 밴디트 알고리즘에 최신 경향을 넣기 위해서는 어떻게 할 수 있을까요? 사실 아주 간단합니다. Q += (reward - Q) / (i + 1)을 Q += (reward - Q) * α로 수정해 주면 됩니다. (여기서 α는 0과 1 사이의 값을 가집니다. 1에 가까울수록 최신 경향에 큰 가중치를 둡니다.)

```
df = fdr.DataReader("005930")

Q = 0

for i in range(len(df) - 1):

    if df.iloc[i]['Close'] * 1.05 < df.iloc[i+1]['Close']:
        reward = 1
    else:
        reward = 0

    Q += (reward - Q) * 0.8

Q
```

1.7180089086325462e-22

[코드 설명]
- 주식 데이터 가져오기:
  - df = fdr.DataReader("005930"):
  - '005930'은 삼성전자의 종목 코드입니다.
  - fdr.DataReader("005930")는 삼성전자의 주식 데이터를 가져옵니다.
  - 이 데이터는 날짜별 주가 정보를 포함합니다.

- 변수 초기화:
  - Q = 0:
  - Q 변수를 0으로 초기화합니다. 이 변수는 이동 평균 보상 값을 저장합니다.

- 반복문 실행:
  - for i in range(len(df) - 1)::
  - 0부터 데이터 프레임의 길이 - 2까지 반복하는 루프를 시작합니다.

- 조건 검사 및 보상 계산:
  - if df.iloc[i]['Close'] * 1.05 < df.iloc[i+1]['Close']::
  - df.iloc[i]['Close']는 i 번째 행의 종가를 가져옵니다.
  - df.iloc[i+1]['Close']는 i+1 번째 행의 종가를 가져옵니다.
  - i 번째 행의 종가에 1.05를 곱한 값이 i+1 번째 행의 종가보다 작으면 조건이 참이 됩니다.

- 조건이 참이면 reward = 1:
    보상 값을 1로 설정합니다.
- 조건이 거짓이면 reward = 0:
    보상 값을 0으로 설정합니다.

- 이동 평균 보상 계산:
  - Q += (reward - Q) * 0.8:
  - 이동 평균 보상 값을 업데이트합니다.
  - 새로운 보상 값을 반영하여 Q 값을 업데이트합니다.
  - 여기서 0.8은 학습률(learning rate)로, 새로운 보상 값이 기존 Q 값에 얼마나 반영될지를 결정합니다.
  - 높은 학습률은 새로운 보상 값을 더 많이 반영하며, 낮은 학습률은 덜 반영합니다.

1.7180089086325462e-22 숫자는 '10의 마이너스 22승'이라는 의미입니다. 0에 수렴하네요. 이것은 현재 삼성전자 주식이 상승장은 아니라는 것을 의미합니다. 오히려 하락장이라고 볼 수 있겠네요. 이 책에서는 자세한 수학적 증명은 생략하겠습니다. 자세한 내용이 궁금하신 분들은 『밑바닥부터 시작하는 딥러닝 4』를 참고해 주세요. 이 내용들을 활용해서 국내 주식 중 상승장인 주식들을 발굴하고 각 종목의 급등 확률이 90% 이상일 때 실제로 매매한다면 적중 확률이 몇 %가 될지 시뮬레이션해 보겠습니다.

```
count = 0
total_count = 0

rates = []

for s in range(len(stocks)):

    code = stocks.iloc[s]['Code']
    name = stocks.iloc[s]['Name']

    df = fdr.DataReader("NAVER:" + code)

    Q = 0

    for i in range(len(df) - 1):
```

```
            if df.iloc[i]['Close'] * 1.05 < df.iloc[i+1]['Close']:
                reward = 1
            else:
                reward = 0

            if Q > 0.9:
                if reward:
                    count += 1
                total_count += 1
                rates.append(count / total_count)

            Q += (reward - Q) * 0.8

    if Q > 0.9:
        print(name)
```

신성통상
로체시스템즈
스카이문스테크놀로지
다보링크
제일테크노스
루트락
노보믹스
티엘엔지니어링

[코드 설명]
- 변수 초기화:
  - count = 0, total_count = 0:
  - 조건을 만족하는 경우와 전체 비교 횟수를 세기 위한 변수를 초기화합니다.
  - rates = []:
  - 조건을 만족한 비율을 저장할 빈 리스트를 초기화합니다.

- 각 종목별 데이터 처리:
  - for s in range(len(stocks))::
  - 모든 종목에 대해 반복합니다.
  - code = stocks.iloc[s]['Code']:
  - stocks 데이터 프레임의 s 번째 행에서 종목 코드를 가져옵니다.
  - name = stocks.iloc[s]['Name']:
  - stocks 데이터 프레임의 s 번째 행에서 종목 이름을 가져옵니다.
  - df = fdr.DataReader("NAVER:" + code):
  - 종목 코드를 사용하여 주식 데이터를 가져옵니다.

- 변수 초기화:
  - Q = 0:
  - 이동 평균 보상 값을 저장할 변수를 초기화합니다.

- 반복문 실행:
  - for i in range(len(df) - 1)::
  - 주식 데이터 프레임의 길이 - 1만큼 반복하는 루프를 시작합니다.
  - if df.iloc[i]['Close'] * 1.05 < df.iloc[i+1]['Close']::
  - df.iloc[i]['Close']는 i 번째 행의 종가를 가져옵니다.
  - df.iloc[i+1]['Close']는 i+1 번째 행의 종가를 가져옵니다.
  - i 번째 행의 종가에 1.05를 곱한 값이 i+1 번째 행의 종가보다 작으면 조건이 참이 됩니다.
  - reward = 1:
  - 조건이 참이면 보상 값을 1로 설정합니다.
  - else: reward = 0:
  - 조건이 거짓이면 보상 값을 0으로 설정합니다.

- 조건 만족 여부 검사 및 카운트 증가:
  - if Q > 0.9::
  - 이동 평균 보상 값 Q가 0.9보다 크면 조건을 만족한 것으로 간주합니다.
  - if reward::
    보상 값이 1이면(조건을 만족하면) count 변수를 1 증가시킵니다.
  - total_count += 1:
    전체 비교 횟수를 1 증가시킵니다.
  - rates.append(count / total_count):
    현재까지 조건을 만족한 비율을 계산하여 rates 리스트에 추가합니다.

- 이동 평균 보상 값 업데이트:
  - Q += (reward - Q) * 0.8:
  - 새로운 보상 값을 반영하여 이동 평균 보상 값을 업데이트합니다.

- 종목 이름 출력:
  - if Q > 0.9::
  - 이동 평균 보상 값 Q가 0.9보다 크면 종목 이름을 출력합니다.
  - print(name): 종목 이름을 출력합니다.

현재 시점 국내 주식 중 Q가 0.9 이상인 상승상인 추세에 있는 주식은 위와 같습니다. 실제로 그런지 확인해 볼까요? (실행 시점마다 다른 결과가 출력될 수 있습니다.)

그림 4-11

그림 4-12

실제로 몇 개 종목을 확인해 보니 모두 상승상에 있는 것을 확인했습니다! 그리고 우리는 Q 값이 0.9 이상일 때마다 구매했을 때 실제로 5% 이상 급등하는 주식 적중률도 같이 확인했습니다. 몇 % 확률로 적중하고 있을까요?

```
import matplotlib.pyplot as plt

plt.plot(rates)
plt.grid()
plt.show()
```

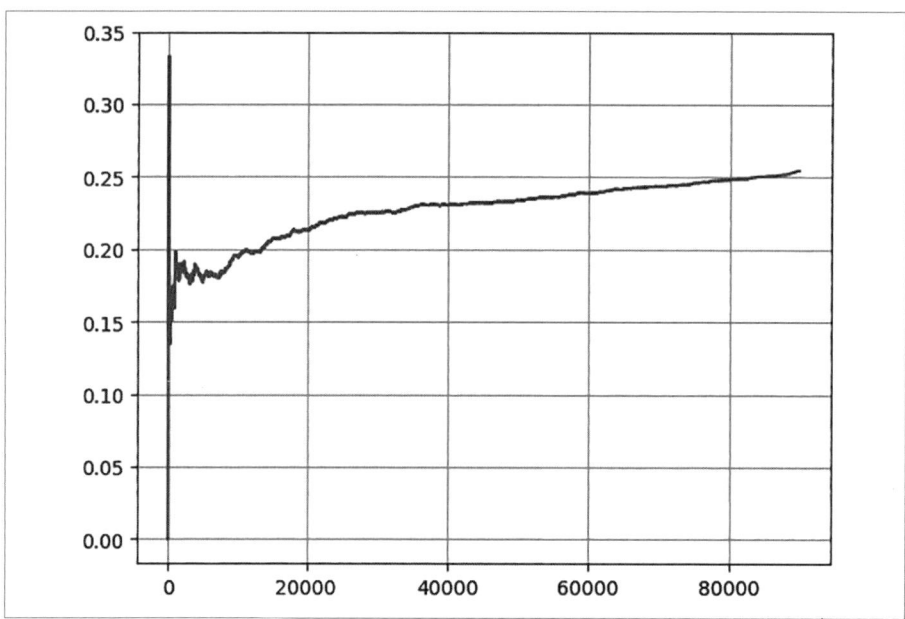

그림 4-13

[코드 설명]
- 라이브러리 임포트:
  - import matplotlib.pyplot as plt:
    - 데이터 시각화를 위한 matplotlib.pyplot 라이브러리를 가져옵니다.

- 그래프 그리기:
  - plt.plot(rates):
    - rates 리스트의 값을 y축 데이터로 사용하여 선그래프를 그립니다.
    - x축 데이터는 자동으로 0부터 시작하는 인덱스로 설정됩니다.

- 그리드 추가:
  - plt.grid():
    - 그래프에 그리드를 추가하여 데이터를 더 쉽게 읽을 수 있게 합니다.

- 그래프 표시:
  - plt.show():
    - 그래프를 화면에 표시합니다.

머신러닝이 적중할 때마다 기록해 놨던 rates 데이터를 시각화해 보니 앞과 같습니다. 데이터 수가 충분하지 않았는지 계속해서 적중률이 올라가는 모습을 보여 주지만 대략 25% 정도의 확률로 하루에 5% 이상 급등하는 주식에 적중하는 모습을 보여 주었습니다. 따라서 이 코드를 실행했을 때 머신러닝 모델이 추천해 주는 종목은 25% 확률로 5% 이상 급등한다는 의미가 됩니다.

마치며

읽어 주셔서 감사합니다. 2016년 바둑 세계 챔피언을 꺾은 알파고가 등장했을 때, 필자는 대학 시절을 보내고 있었습니다. 그 사건을 계기로 인공지능에 깊이 빠지게 되었고, 지금까지도 인공지능을 취미로 삼아 즐겁게 공부하고 있습니다. 그동안 인공지능이 주식 투자에 도움이 될 것이라는 확신을 가지게 되었고, 여러 가지 분석을 통해 실제로 효과가 있다는 것을 확인했습니다. 이제 이 책을 통해 인공지능을 활용한 주식분석과 투자의 세계를 여러분과 공유하고자 합니다.

인공지능을 활용한 주식분석은 전통적인 재무제표 분석이나 관련 뉴스 분석보다 훨씬 더 강력한 도구가 될 수 있습니다. 인공지능은 방대한 데이터를 빠르고 정확하게 처리할 수 있어, 인간이 놓칠 수 있는 미묘한 패턴을 찾아내고, 예측의 정확성을 높일 수 있습니다. 예를 들어, 과거 주가의 변동 패턴, 기업의 재무 상태, 시장의 전반적인 흐름 등을 종합적으로 분석해 투자 결정을 내릴 수 있습니다.

이 책에서는 인공지능을 주식 투자에 적용하는 구체적인 방법을 다루고 있습니다. 기초적인 이론부터 실제 투자 전략까지 단계별로 설명하여, 인공지능을 처음 접하는 사람도 쉽게 이해하고 따라 할 수 있도록 구성했습니다. 또한, 실습 예제 코드 제공을 통해 직접 실행하고 따라 해 볼 수 있도록 하여, 독자들이 실제 투자에 바로 적용할 수 있도록 하였습니다.

여러분의 성공적인 투자를 기원하며, 이 책이 여러분의 투자 여정에 큰 도움이 되기를 바랍니다. 인공지능이라는 강력한 도구를 활용하여 더 나은 투자 결정을 내리고, 안정적이고 높은 수익을 달성할 수 있기를 기대합니다.

이 책을 읽으면서 하고 싶은 이야기나 질문이 있다면, 표지 앞날개에 있는 인스타그램 QR 코드를 통해 DM을 보내 주세요.

곽경일 올림

MEMO

MEMO

MEMO

MEMO

MEMO

인공지능, 주식분석 좀 부탁해
입문자를 위한 파이썬 주식분석 프로그램 만들기

출간일	2025년 7월 1일
지은이	곽경일
펴낸이	김범준
기획 · 책임편집	조부건
교정교열	이혜원
편집디자인	김민정
표지디자인	배진웅
발행처	(주)비제이퍼블릭
출판신고	2009년 05월 01일 제300-2009-38호
주　소	서울시 중구 청계천로 100 시그니쳐타워 서관 9층 945, 946호
주문 · 문의	02-739-0739　　팩스　02-6442-0739
홈페이지	http://bjpublic.co.kr　이메일　bjpublic@bjpublic.co.kr

가　격　24,000원
ISBN　979-11-6592-307-5 (93000)
한국어판 © 2025 (주)비제이퍼블릭

이 책은 저작권법에 따라 보호받는 저작물이므로 무단 전재와 무단 복제를 금지하며,
내용의 전부 또는 일부를 이용하려면 반드시 저작권자와 (주)비제이퍼블릭의 서면 동의를 받아야 합니다.

이 책을 저작권자의 허락 없이 **무단 복제 및 전재**(복사, 스캔, PDF 파일 공유)하는 **행위**는 모두 저작권법 위반입니다. 저작권법 제136조에 따라 **5년** 이하의 징역 또는 **5천만 원** 이하의 벌금을 부과할 수 있습니다. 무단 게재나 불법 스캔본 등을 발견하면 출판사나 한국저작권보호원에 신고해 주십시오(불법 복제 신고 https://copy112.kcopa.or.kr).

잘못된 책은 구입하신 서점에서 교환해드립니다.